Que en España empieza a amanecer

Colección TEXTOS UEX

22

En 1988 la colección *Textos UEx* fue creada con el objetivo de ofrecer ediciones críticas de referencia de textos fundamentales de la literatura universal, con especial atención a la literatura española. Muchas de ellas publicadas en el pasado y agotadas en algunos casos, y otras, primeras ediciones de textos inéditos. Estas ediciones críticas presentan un amplio estudio preliminar con información sobre el autor y su contexto histórico y literario, la diégesis y redacción de la obra, análisis del texto y del tiempo presente de la obra, su valor y repercusiones literarias. Además, aportan correcciones cuidadosas de las ediciones anteriores, con anotaciones a pie de página para una mejor interpretación de los textos. Todas ellas han sido editadas y comentadas por investigadores especialistas de universidades españolas.

A partir de 2024, la colección inicia una nueva etapa planteándose nuevos retos, prestando especial atención a textos inéditos u olvidados, pero de valor literario innegable, textos que a veces han quedado fuera del canon por cuestiones de índole extraliteraria, así como a la edición de obras sobradamente conocidas, pero de las que no se disponía, hasta ahora, de una edición crítica. En esta nueva etapa, con la elección y nombramiento de una nueva dirección y un Comité Científico de carácter nacional e internacional, se abren las puertas a las aportaciones de filólogos e investigadores ajenos a la Universidad de Extremadura, pertenecientes a otras universidades españolas o extranjeras, ajustando siempre sus criterios a los parámetros de calidad que se exige a las colecciones académicas de monografías.

℘ https://publicauex.unex.es/coleccion/textos-uex/ ℘

CEFERINO R. AVECILLA

Que en España empieza a amanecer

—DRAMA—

Edición, estudio introductorio y notas de

Manuel Aznar Soler

Cáceres
2025

Esta obra ha sido objeto de una doble evaluación, una interna, llevada a cabo por el consejo asesor del Servicio de Publicaciones de la Universidad de Extremadura, y otra externa, efectuada por evaluadores independientes de reconocido prestigio en el campo temático de la misma.

Tipografía utilizada: ITC Garamond Std (para cubierta) y Times LT Std (para páginas iniciales y el texto de la obra).

Edita:

Universidad de Extremadura. Servicio de Publicaciones
Plaza de Caldereros, 2, 10003 Cáceres (España)
Tel. 927 257 041; Fax 927 257 046
publicac@unex.es
http://publicauex.unex.es/

I.S.B.N.: 978-84-9127-314-1
I.S.S.N.: 0214-7106
Depósito Legal: CC-78-2025

Impreso en España - *Printed in Spain*

Maquetación e impresión: Dosgraphic, S. L.

Índice

Estudio introductorio

MUERTOS DE MALA MUERTE: FALANGE, FOSAS Y FUSILAMIENTOS EN LA ESPAÑA FRANQUISTA

> La guerra civil fue un conflicto de clases sociales y la perdieron los pobres (Mainer 2003: 155).

La trayectoria humana y teatral de Ceferino R(odríguez) Avecilla antes de 1939 es cuanto menos curiosa y singular, porque vincula tanto el mundo escénico como el ámbito literario: *Radios tangentes,* «narraciones velocipédicas», 1896, firmadas junto a Gerardo Failde y Ramón Cilla Pérez; o novelas como *Los crepúsculos,* 1905; *Margot quiere ser honrada,* 1922; *La amaba locamente,* 1925; o *La sombra enmascarada,* 1927.

En las últimas páginas de *Noche de feria,* drama publicado en 1945, ya en su exilio mexicano, constan sus obras y traducciones, aunque aquí y ahora nos interesa exclusivamente su literatura dramática. En este listado de Avecilla, autor de una larga y prolífica trayectoria escénica, únicamente se precisa el género teatral al que pertenecen sus obras citadas, que son las siguientes: un «auto a lo divino» (*Calvario*), nueve «comedias» (*Su afectísimo amigo; El enemigo malo*; *El hombre desconocido; Los caminos de Roma; La cabeza a pájaros; El atajo,* «comedia en tres actos y en prosa», en colaboración con Manuel Merino García-Pierrat, estrenada en el Teatro Calderón de Madrid el 6 de febrero de 1934 y publicada en *La Farsa,* 343 (7 de abril de 1934), con dibujos de Antonio Merlo; *No te vendas, mujer; Circo* y *La condenada*); un «cuento burlesco» (*La noche de los tiempos*); seis «dramas» (*La máscara de Don Juan,* «drama en tres actos», 1917*; La loba,* «drama rural en tres actos», en colaboración con Manuel Merino, estrenada el 15 de septiembre de 1929 en el Teatro Lara de Madrid y publicada en la colección popular *La Farsa,* 109 (12 de octubre de 1929), con dibujos de Barbero, obra dedicada «A la memoria inextinguible de María Guerrero»; *Luz en las tinieblas; La condenada; Empieza a amanecer* [*sic*] y *Noche de feria*; un «entremés» (*El amor* mudo); un «espectáculo» (*La capa);* una «fantasía» (*Belén*); una «farsa» (*La cabeza del rey)*; una «opereta» (*Las alegres chicas de Berlín);* cuatro «sainetes» (*Tupi Palace, La mala tarde, La reina rubia, La yerbabuena)*; una «tragicomedia» (*El ocaso de los demonios);* y, por último, dos «zarzuelas»: *Su Majestad* y *El estudiante de Salamanca.*

No podemos olvidar, sin embargo, su protagonismo a inicios del siglo XX en el mundo del fútbol y de la prensa deportiva española (Bravo y Martínez-Patón 2012). Ana Isabel Sánchez Díaz acierta a resumir su singular trayectoria con estas palabras:

> Periodista, escritor y abogado. Seudónimo de Ceferino Rodríguez Alonso de Avecilla. Nació en Valladolid el 14 de diciembre de 1880 y murió el 22 de abril de 1956 en México D. F. Descrito como un dandy influido por la estética mallarmeana y decadentista, comenzó a colaborar muy tempranamente en publicaciones españolas como *La Tribuna, Madrid Cómico, Renacimiento Latino, El Liberal, El Imparcial, Nuevo Mundo, Blanco y Negro, ABC*, y fundó, junto con Antonio de la Villa, *España Libre*, de efímera publicación. Entre 1903 y 1904 fundó y dirigió publicaciones deportivas como *Revista de Sport* (1903), *Mundo Sportivo* (1903) y *Gaceta del Sport* (1904), y colaboró como cronista deportivo en el diario madrileño *El Diario Universal*, en el que firmaba sus artículos con el pseudónimo de *F. Bowden.*
>
> Literariamente, cultivó diferentes géneros, especialmente la novela *–Margot quiere ser honrada* (1922) o *La amaba locamente* (1925)– y el teatro *–Silencio,* «drama en tres actos» (1914), *La máscara de don Juan,* «drama en tres actos» (1917)–. Algunas de sus obras dramáticas, como por ejemplo *El enemigo malo,* «comedia en dos actos y en prosa» (1915), o *La loba,* «drama en tres actos» (1929), fueron escritas en colaboración con Manuel Merino García-Pierrat. Aparte de sus aportaciones a este campo más estrictamente literario, contribuyó también a la creación de algunas operetas y zarzuelas a las que el maestro

Rafael Millán puso música, como es el caso de *La mala tarde,* «zarzuela en un acto» (1915), o *Las alegres chicas de Berlín,* «opereta en tres actos» (1916). Se tiene conocimiento de muchas otras obras teatrales escritas por este autor, como por ejemplo *Mademoiselle Gris* o *La sombra enmascarada* (1927), pero de muy pocas se conservan datos objetivos tales como su fecha de redacción, publicación y, si lo hubo, de su estreno.

Antes de la guerra civil vivió durante algunas temporadas en París, ciudad en la que trabajó como cronista teatral y de espectáculos, en ocasiones con el seudónimo *Ricardo Begoña*, para varios medios como, por ejemplo, el periódico parisino *El Diario*, del que fue redactor. Tras la proclamación de la Segunda República y de regreso a España, impulsó la novela corta de quiosco con *La novela roja*, que, entre junio y julio de 1931, publicó siete números que sumaron textos de Ricardo Baroja, Victorio Macho, Alicio Garcitoral, Margarita Nelken, Joaquín Arderíus, Ramón Pinillos y el propio Ceferino R. Avecilla.

Durante la guerra civil combatió como comandante de carabineros en las filas del Ejército republicano.

Tras el final de la contienda, fue encarcelado, pero tras ser puesto en libertad, huyó a Francia y en 1942 logró embarcarse en Casablanca a bordo del *Nyassa* rumbo a Veracruz. Durante su presidio había escrito el drama *La condenada*, obra que se estrenaría en México en 1946 con María Teresa Montoya como protagonista. Asimismo, en México editó su pieza *Noche de feria*, compuesta en Francia entre mayo y junio de 1941, y continuaría escribiendo y colaborando en periódicos de la capital, como *Excélsior* o *México al Día*, frecuentemente como crítico teatral, y también de modo puntual en la publicación parisina bilingüe *Mi Revista*. Destacan asimismo sus incursiones en el mundo del cine, ya que participó en la adaptación o redacción de los guiones de películas como *Marina* (1945), dirigida por Jaime Salvador y escrita por Max Aub, Neftalí Beltrán y Francisco Camprodón, o E*l último amor de Goya* (1946), dirigida también por Jaime Salvador, responsable, por añadidura, del guión junto con Carlos Martínez Baena.

En 1947, fue el ganador del I Premio en el Concurso de Arte Teatral y Lírico de la Sección de Cultura y Propaganda

> del Movimiento Libertario Español (MLE-CNT) con la obra *Que en España empieza a amanecer*, «drama de costumbres españolas», estrenado el 18 de julio de 1948 en el Teatro Capitol de Toulouse con interpretaciones de actores del grupo Iberia, del Grupo Artístico Juvenil de las Juventudes Libertarias y de la Compañía Dramática de Teodoro Monge, quien fue asimismo su director.
>
> Aquejado de una grave enfermedad, sus últimos tres años de vida transcurrieron en el Sanatorio Español de México, desde el que mantuvo sus tareas literarias (Sánchez Díaz 2016: 230-231).

Por su parte, José Luis Bravo y Víctor Martínez-Patón añaden algunos datos de interés:

> Antes de irse a vivir a París ya había publicado varias novelas. Ya en 1905, un año después de dejar el fútbol, publicó *Los crepúsculos*, y en los años siguientes volvió a la narrativa con *La vida eterna* (1913) y otras como *Margot tiene que ser honrada* (1922). Su popularidad no obstante le llegó a través de sus numerosas obras teatrales y zarzuelas, escritas casi siempre en colaboración con Manuel Merino García-Pierrat.
>
> Su primera obra, *Silencio...*, fue estrenada en 1913 en el Coliseo Imperial de Madrid, y antes de 1922 había puesto en escena casi una decena de obras, entre las que se incluyen *El enemigo malo, Tupi-Palace*, *Su majestad* y *El estudiante de Salamanca*. Y entre las zarzuelas a las que Rafael Millán puso música se encuentran *La mala tarde* (1915) o *Las alegres chicas de Berlín* (1916).
>
> A poco de instaurarse la II República regresó a España. De ideología comunista, Avecilla debió de tener una actividad política activa durante los años republicanos. No obstante su protagonismo continuó ligado al terreno literario. Ya en junio de 1931 editó la colección «La novela roja», en la que se publicaron siete obras a razón de una por semana. Eran novelitas muy cortas, de 16 páginas, vendidas al precio de 20 céntimos, concebidas como medio de expresión de las ideas de la llamada lucha del proletariado. El propio Avecilla publicó una de las novelas de la colección, *El quinto evangelio*, y junto a él lo hicieron personajes de la talla de Margarita Nelken.

Durante estos años bajó su producción dramática; sólo se conocen dos obras, estrenadas ambas en 1934: *El atajo*, escrita con Manuel Merino, y *Muchachas de uniforme*.

El siguiente punto importante en la biografía de Avecilla es que formó parte del comité incautador de la Sociedad General de Autores y Editores (SGAE). Así lo contaba por ejemplo *ABC* del 5 y 6 de agosto de 1936. Formó la junta directiva con Pascual Guillén, Franch, Narciso Fernández Boixader, Pablo Sorozábal Mariezcurrena (en su ausencia, José Tellaeche Arrillaga) y Alejandro Casona. Según se decía, «se ha realizado el cambio de rumbo de una manera cordial y sin la menor violencia, merced a la actuación de tres comediógrafos de tan probado espíritu revolucionario como Ceferino R. Avecilla, Enrique López Alarcón y Pascual Guillén».

(...)

A partir de ese enero de 1937 no hemos encontrado más noticia de Avecilla, si bien nada hace indicar que no permaneciera en Madrid hasta el final de la guerra, pues no en balde al terminar esta fue encarcelado y permaneció en prisión hasta que en 1942 salió desde Casablanca camino de Veracruz a bordo del célebre barco Nyassa. Durante su presidio sabemos que escribió su obra *La condenada*, estrenada en México en 1946.

Al llegar a México el 22 de mayo de 1942 inició nuevamente su activa carrera periodística y literaria. Colaboró en varias revistas como *Estampa*, *México al Día*, *Saber*, *Revista de Revistas* y *Excélsior* (al menos hasta 1947), en la que escribió críticas teatrales y cinematográficas. Algunas de estas fueron recopiladas en su volumen *El teatro, 1943-1945: opiniones*, publicado en 1946. A su producción literaria mexicana pertenecen las obras *Noche de feria* (1941), y la antedicha *La condenada* (1946), estrenada por María Teresa Montoya. Por cierto que ya en 1930 había Avecilla estrenado su primera obra en México, *La loba*, interpretada primero por Virginia Fábregas y años después por Prudencia Grifell. Durante su estancia en México Avecilla perteneció a la Unión Nacional de Autores.

Además, en 1944 fue el redactor de los diálogos del filme *Marina*, y un año después del argumento de *Último amor de Goya*, película también conocida con el título de *La diabla* y filmada en 1945. Ambas cintas fueron dirigidas por Jaime Salvador y Avecilla trabajó en colaboración con Carlos Martínez Baena.

Sabemos que ese mismo 1946 colaboró con *Mi Revista*, una publicación parisina bilingüe fundada por Eduardo Rubio Fernández, alias «el Chichito», sujeto al parecer popular por sus exitosas estafas. Tenía dos subtítulos la citada revista, *Ilustración Latino-Americana* y *Organe de Diffusion de la Pensée et du Goût Français en Amerique Latine*. Junto con Avecilla escribieron otros españoles como Luis Capdevila, Ángel Samblancat, Felipe Alaiz, Mariano Benlliure, Alfonso Camín, Mario Aguilar, Fernando Pintado y Ventura Gassol, y por la parte francesa Paul Valéry, Jean Cassou, Paul Éluard, Louis Aragon, Albert Camus, Claude Morgan y Claude Aveline. La revista tenía además una dimensión política, «de combate» contra el régimen franquista y sus aliados, aún más acentuada en el semanario *Heraldo de España*, también publicado por el mismo Rubio Fernández.

Al año siguiente, en 1947, Avecilla ganó el primer premio del «Concurso de arte teatral y lírico» organizado en Francia por el Servicio de cultura y propaganda del Movimiento Libertario Español (MLE-CNT) con la obra *Que en España empieza a amanecer*. La representación del drama tuvo lugar el 18 de julio de 1948 en el Teatro del Capitol de Toulouse. En ella participaron actores del grupo Iberia, del Grupo Artístico Juvenil de las Juventudes Libertarias, que estaba formándose, y de la Compañía Dramática de Teodoro Monge; todos bajo la dirección de este último.

Ignoramos si Avecilla se desplazó a Francia o si vivía allí. Y después de este premio, nada más. Solo sabemos que el historiador mexicano Rafael Heliodoro Valle publicó su correspondencia con Avecilla en 1951. Pero nada más. No sabemos si volvió a España o no, y si realmente murió en México D.F. como dicen algunas fuentes (Bravo y Martínez-Patón 2012).

Finalmente, Mariano Viñuales, autor libertario exiliado en la República Dominicana y desde 1942 en México, escribió una reseña de *Noche de feria* en la que nos proporciona unos datos testimoniales valiosos sobre el exilio francés y mexicano de Avecilla, al que caracteriza como «un viejo periodista. Periodista, literato, crítico y dramaturgo»:

> Yo he tenido la fortuna de acompañar –y de ser acompañado por él– a Avecilla en las postreras horas vividas en España allá por los días tremendamente dramáticos del éxodo español. Y digo fortuna adrede; que si ya es una fortuna disfrutar de la compañía de un hombre bueno, en trances tan duros como aquél lo es aún más. Yo no puedo recordar aquellas horas sin emoción. En ellas la amistad que nos unía echó raíces hondas, que nutrieron dolores comunes y comunes esperanzas. Caminábamos hacia la frontera francesa. Íbamos a París, a la capital de Francia, tan llena para uno y otro –bien que por motivos distintos– de atractivos. Para mí era la ciudad de los grandes recuerdos históricos: corte sombría de los Valois y sede después de la gracia alada y galante del reinado de los Capetos; Revolución Francesa y Víctor Hugo, ese Homero de la Edad Moderna, proyectando hacia el futuro los clamores recogidos de toda una era de servidumbre que acababa para siempre. Para Avecilla París era eso y algo más. París era para Avecilla una segunda patria. Allí conoció y vivió la vida bohemia de todos los cenáculos del Arte, del Teatro y de las Letras. Durante largos años fue corresponsal en la Ciudad Luz de *La Voz*, rotativo madrileño. Y fue también, caso único en el periodismo español, redactor de *Comédie*, la gran revista parisina, en la que hacía todas las crónicas teatrales de España. Y, también, hizo la página española del *Chicago Tribune*.
>
> Después, ya aquí en México, Avecilla ha continuado alternando sus tareas en el periodismo con su meritísima labor en el cine y en el teatro, tarea esta última interrumpida por la guerra civil, pero en la que cuenta con una veintena de títulos de los que merecen destacarse los dramas *La condenada*, *Empieza a amanecer* y *La cabeza del Rey.* El teatro Fábregas de México anuncia ya en sus carteles el próximo estreno de *La Condenada* (Viñuales 1946: 37)

No podemos olvidar su libro *El teatro, 1943-1945: opiniones* (Avecilla 1946), recopilación de sus críticas teatrales de esos tres años en periódicos y revistas mexicanos, puesto que Avecilla, domiciliado entonces en «Rosales 20, Depto. 409, México D. F., México», fue «crítico teatral de *Excélsior;* colaborador de *Estampa, México al Día, Saber* y *Revista de Revistas* (México D. F.)» (Amo y Shelby 1994: 12). Su labor como crítico teatral es destacada por Carlos Martínez a propósito de *La dama del alba,* de Alejandro Casona (Martínez 1959: 241), o del ensayo *Tirso y Don Juan*, de Álvaro Arauz: «De él escribió Ceferino Avecilla: "Es de una amenidad poco frecuente en este género de literatura generalmente ampulosa y áspera; es delicioso. Hay en él comentarios agudos y noticias nuevas que dan al libro un gran interés y, sobre todo, un conocimiento de cuanto atañe a la figura donjuanesca y a la interpretación de Fray Gabriel Téllez, realmente minucioso"» (Martínez 1959: 249).

En este libro de «opiniones» del crítico teatral Avecilla son frecuentes las alusiones a estrenos y representaciones de dramaturgos españoles: Serafín y Joaquín Álvarez Quintero, *Lo que hablan las mujeres* y *Cancionera;* Avelí Artís, *Amor, amo y señor,* en traducción del catalán de Arturo Mori; Max Aub, *La vida conyugal;* Jacinto Benavente, *Al fin mujer*; Alejandro Casona, *La dama del alba, La barca sin pescador* y *Nuestra Natacha;* Federico García Lorca, *La casa de Bernarda Alba* y *Doña Rosita la soltera o el lenguaje de las* flores; Pascual Guillén, *María la Famosa;* Manuel Linares Rivas, *Cobardías;* Arturo Mori, *Ríe, corazón.*

Finalmente, recordemos que su «comedia» *La condenada* fue estrenada en 1946 por la destacada actriz mexicana María Teresa Montoya, aunque su texto al parecer no llegó a publicarse y acaso se haya perdido definitivamente.

Vamos a comentar brevemente, por lo tanto, la literatura dramática escrita por Avecilla durante sus años de exilio, que se reduce a dos obras: *Noche de feria* (Avecilla 1945) y *Que en España empieza a amanecer,* drama hasta hoy inédito.

NOCHE DE FERIA

La primera obra dramática publicada en su exilio mexicano por Ceferino R. Avecilla se titula *Noche de feria* y fue editada por Isla, Manuel Altolaguirre, impresor, en fecha indeterminada que, sin embargo, Amo y Shelby datan como «en prensa (1945)» (Amo y Shelby 1994: 12). Al final del texto consta, eso sí, que esta obra fue escrita en su primer exilio francés, porque está fechada en «Grenade-Sur-Garonne, Francia, 1941, Miércoles 21 de Mayo. – Domingo 20 de Julio» (179) y dedicada «A Madame Isabel Rigal. En recuerdo de sus manos tendidas, allí en Toulouse. Ceferino R. Avecilla» (5). No nos consta que este drama haya sido estrenado hasta la fecha.

Mariano Viñuales Fariñas, autor de unas recientes memorias (Viñuales 2023), ya hemos dicho que publicó una reseña de la obra que nos permite fechar su publicación en 1945. En efecto, su reseña apareció en el número 13-14 (febrero-abril de 1946) de la revista *Mediterrani*, editada por la Casa Regional de Valencia en México, en la que afirmaba que «la obra es magnífica»:

> Desde la primera página hasta la última no decae el interés. El lector sigue página tras página, estremecido por la pasión que mueve a los personajes. Estos, estupendamente logrados. El diálogo muy ágil, salpicado de gracejo popular y a las veces sentencioso a la manera de los paisanos de los hidalgos cervantinos. Yo he de congratularme por los momentos de deleite que me ha proporcionado su lectura y felicito muy de veras al amigo Avecilla invitándole a que nos haga el nuevo regalo de otro segundo libro (Viñuales 1946: 38-39).

Noche de feria es un «*drama*» (7) estructurado en diez escenas que se sitúa en un pueblo inconcreto de «*Castilla. Soledad. Un paisaje. Agrario. Austero. Místico. Lo cruza la vertiente violenta de un "camino real"*» (7). Un pueblo de pastores, como el anciano tío Malpica y los jóvenes Blas y El Vencejo. Pero no van a ser ellos los protagonistas de este drama de honra, sino dos personajes que, a la muerte de su padre, van a ser protegidos por la beata doña Trini, casada con el Machaca, personaje que, en palabras de El Tío Malpica, «ha estao siempre mu metío en la iglesia y hasta tenía un tío calónigo» (12). Dos personajes que son hermanos: la Mónica, a la que va a acoger por caridad en su casa de la ciudad como criada; y el Mingo, al que, pese a su juventud, ha nombrado mayoral.

Me interesa destacar simplemente, aquí y ahora, sus afinidades con *Que en España empieza a amanecer*, porque ambos son dramas rurales cuya acción dramática se sitúa en un pueblo de la Castilla profunda y están protagonizados por un coro de personajes que son campesinos cuya lengua literaria está impregnada de vulgarismos. Remito al lector interesado a mi estudio anterior, en el que analizo con mayor profundidad esta obra (Aznar Soler 2018: 71-86).

EL ESTRENO DE *QUE EN ESPAÑA EMPIEZA A AMANECER*

Como ya se ha dicho, este «drama» ganó en 1947 el primer premio del «Concurso de arte teatral y lírico» organizado en Francia por el Servicio de Cultura y Propaganda del Movimiento Libertario Español (MLE-CNT). Alicia Alted Vigil, la mejor investigadora del teatro anarquista en el exilio (1998, 2003 y 2012), afirma que, ante la ausencia de un repertorio de teatro que «respondiera a postulados ácratas, tanto en su organización como en las obras que se representaban» por parte de los muy numerosos «grupos artísticos» anarquistas en el exilio, esta necesidad de crear un repertorio propio

> llevó a la Sección de Cultura y Propaganda del MLE-CNT en Francia a constituir, en mayo de 1947 y a propuesta del grupo artístico Inquietudes de Marsella, la Comisión de los Grupos Artísticos con el objetivo primordial de «crear una biblioteca o archivo de obras teatrales» que estuviera al alcance de los distintos grupos artísticos ya que, debido a lo reducido del repertorio de obras de que se disponía, algunos grupos habían tenido que suspender los ensayos y las representaciones, y otros «están obligados a poner en escena argumentos de una pobreza social enorme; sainetes y comedias, algunas incompatibles con nuestras ideas: teatro mitinero y caduco que nosotros debemos renovar (...) [con] la realización de un verdadero teatro social moderno, como elemento primordial de propaganda ideológica en el exilio y cuyos fines directos tendrán su continuación a nuestro regreso a España». Además, para estimular esa renovación teatral había que propiciar la producción propia, de ahí que la Sección se hiciera eco de las sugerencias del grupo Acracia

de organizar un Certamen Literario de Teatro Social, a la par que un concurso de Cuadros Artísticos (Alted Vigil 1998: 457).

La propia Alted Vigil nos proporciona una valiosa información sobre las bases de este Concurso:

> Con fecha 15 de agosto de 1947 la Sección de Cultura y Propaganda publicaba las bases para participar en un «Concurso de Arte Teatral y Lírico». Según se disponía en la base primera, se aceptarían «toda clase de piezas literarias y literario-musicales que, inspirándose en la base tercera, se ajusten a la escena, a las veladas y al micrófono». La condición impuesta en esa base tercera era «que las obras presentadas a concurso puedan ser incorporadas al Teatro Social por su contenido emancipador, humanitario, humorístico y lógicamente revolucionario». Los envíos de obras debían dirigirse, antes del 30 de noviembre, a Juan Puig Elías, Secretario de la Sección, en la sede de la CNT de la rue Belfort de Toulouse. El jurado que se constituyó para seleccionar las obras lo componían el escritor Antonio García Birlán, Teodoro Monge, el actor José Dot, Paquita Galcerán, profesora de música y compositora, y Juan Puig Elías. El primer premio del concurso fue para el drama en cuatro actos *Que en España empieza a amanecer* de Ceferino R. Avecilla, periodista y dramaturgo que había nacido en Valladolid en 1880. El segundo premio lo obtuvo la farsa poética en un acto *Claro de luna* de Gregorio Oliván, a la sazón director artístico de la compañía de Teodoro Monge. Finalmente, el tercer premio lo obtuvo el *Monólogo de la guitarra herida* de José Sanjurjo (Alted Vigil 1998: 458).

Por su parte, vale la pena reproducir la breve noticia publicada sobre este Concurso teatral por la revista *España Republicana* de Buenos Aires:

> Concurso teatral de la CNT. París.– Al concurso teatral organizado por la CNT se han presentado 317 obras. El primer premio de 10.000 francos ha sido otorgado al drama *El alba empieza en España* [*sic*], de Ceferino R. Avecilla. El segundo premio, de 5.000 francos, a la farsa política *Claro de Luna,* de Gregorio Oliván. El tercero, de 3.000 francos, al *Monólogo de*

> *la guitarra herida*, de José Sanjurjo. Se ha concedido un accésit al drama *Tierra de lobos,* de J. García Pradas (Anónimo 1948).

Trescientas diecisiete obras presentadas a este concurso teatral evidencian que un número considerable de autores aspiraban a ser estrenados por estos «grupos artísticos» anarquistas de nuestro exilio republicano. Un concurso al que respondieron estos autores con obras que pretendían crear ese necesario y urgente repertorio de teatro social, coherente con la ideología ácrata de dichos «grupos artísticos». En este sentido, además de Avecilla, tanto Gregorio Oliván, autor del *Romancero de la libertad,* editado en París por Solidaridad Obrera en 1947 (Lepage-Sirven 2016: 442-446) como José García Pradas, autor del libro poético *Guerra Civil,* editado en Vésoul (Francia) por las Publicaciones Libertarias en la colección Tierra y Libertad también en 1947 (Monferrer 2016: 433-434), eran escritores conocidos y reconocidos en el ámbito de la cultura anarquista.

Como hemos visto, este drama de Avecilla se estrenó el 18 de julio de 1948 en el Teatro del Capitol de Toulouse, representado por actores y actrices procedentes del grupo teatral anarquista Iberia (Montiel 2010: 115-116, 131-133 y 135-137); por actores del Grupo Artístico de las Juventudes Libertarias, que entonces se estaba formando; y, por último, por actores de la Compañía Dramática de Teodoro Monge Villa (Aznar Soler 2023b), dirigidos por este último, que era el único profesional en este estreno:

> Estos actores (casi siempre entonces unos jóvenes), que subían a las tablas sin ninguna clase de complejos, actores populares por antonomasia, eran todos obreros, al mismo tiempo que militantes anarquistas más o menos clandestinos. En el teatro, ¿qué hallaban? Una educación, una formación autodidacta; un compañerismo activo, un apoyo fraternal; el medio de poder ayudar a los más desgraciados entre los exiliados, así como a los prisioneros del franquismo; una expresión de dinamismo y de alegría vital; un ambiente diferente hecho de ensueño... (Domergue y Laffranque 2003: 238).

Por entonces residente en Montauban, el epistolario entre 1945 y 1950 de Teodoro Monge con Álvaro de Orriols (Aznar Soler 2008-

2009: 222-285 y 2023a; Espejo Trenas 2010; Santos Sánchez 2018, Serralta 1991), dramaturgo exiliado en Bayonne, así como el de este último durante el año 1946 con el grupo Iberia de Toulouse, dirigido entonces por A. Feijoo y Juan Montiel –aunque su corresponsal fuera entonces Juan Teixidó–, tienen un notable interés (Espejo Trenas 2016: 459-489).

SEGUNDA REPÚBLICA, GUERRA Y FRANQUISMO

Que en España empieza a amanecer es un drama rural, una obra de teatro político vinculada a esa tradición decimonónica representada por el *Juan José* de Dicenta en la que se conjugan teatro social, lucha de clases y elementos melodramáticos que tanto gustaban al público obrero de la época.

Esta obra plantea un conflicto dramático que enfrenta durante los años de 1936 a 1940, es decir, durante los años de la guerra de España y de la más inmediata postguerra franquista, a pobres y ricos en el pueblo toledano de Borox, un pueblo representativo de la España rural profunda. Obra conservadora y tradicional de correcta carpintería teatral, este drama social en cuatro actos estaba destinado a un público obrero al que le interesaba ante todo el contenido ideológico y político de la obra. Voy a limitarme a comentar brevemente algunas de sus características fundamentales y remito al lector interesado a un estudio anterior, en el que analizo con mayor extensión y profundidad esta obra (Aznar Soler 2018: 87-125).

Avecilla, al igual que Álvaro de Orriols, utiliza elementos melodramáticos, en este caso un triángulo amoroso entre Rosa, el Millán y Marcos, para desarrollar en esta obra un conflicto fundamentalmente político y social de lucha de clases. Por lo tanto, el conflicto entre rivales por el amor de Rosa no es, en absoluto, el tema principal de este drama.

Naturalmente, en esta lucha de clases hay un lógico, obvio y feroz maniqueísmo que diferencia a los personajes en «buenos» y «malos». Así, el bando republicano, «los buenos» lógicamente para el exiliado Avecilla, está representado por Millán, Rosa, Micaela y acaso el médico liberal y anticlerical don Venancio; mientras que el bando fascista, «los malos» para el dramaturgo, lo encarnan la Iglesia (el Cura fascista y nacional-católico), la Falange (Marcos el de la abacería), la aristocracia de los señoritos (El Marqués de la Esgueva, terrateniente) y el Ejército y las fuerzas de orden público (El Cabo de la Guardia Civil), represoras del campesinado y de los pobres y, por tanto, al servicio de los ricos. A su vez, la representación de la guerra de España como una lucha fratricida –aunque fue también y, sobre todo, una guerra entre el fascismo internacional y la democracia, representada por el gobierno legítimo del Frente Popular–, se concreta en dos labradores hermanos que, aunque sin ninguna conciencia política ni de clase, han luchado en bandos contrarios: Frutos en el fascista y Galo, por azar, en el republicano.

El título de este drama procede –como el de la novela *Si te dicen que caí* de Juan Marsé– de un verso del Himno de la Falange española («*Que en España empieza a amanecer*») y estos amaneceres en la España franquista son amaneceres de sangre, de fusilamientos en las tapias y de cadáveres de republicanos en las cunetas y en las fosas comunes. El falangista Marcos el de la abacería y su «Patrulla» asesina representan la cruel, feroz y sanguinaria violencia de la Victoria –porque en 1939 recordemos que no llegó la paz sino la Victoria–, es decir, la represión contra los vencidos republicanos, aquí directamente los asesinatos por fusilamiento vil.

EL SEÑOR FAUSTINO Y LOS PERSONAJES FASCISTAS

La acción dramática se sitúa en el cuadro primero del acto primero «*ante la casa del señor Faustino. En las afueras del pueblecito donde se desarrolla la acción, y en el borde de un camino. Es de noche*». El tiempo nos sitúa en un año indeterminado de la guerra de España y este «pueblecito» –que por un diálogo posterior sabremos que se trata del pueblo toledano de Borox– está en manos de los fascistas del general Franco, es decir, en manos de las «fuerzas vivas», a saber, la Iglesia (el Cura), la Falange (Marcos el de la abacería y su «patrulla» de pistoleros asesinos), los ricos del pueblo, como don Atilano, y la Guardia Civil (el Cabo).

El señor Faustino, un labrador conservador y ultracatólico que perteneció a la Unión Patriótica en tiempo de la dictadura de Primo de Rivera, es contrario a la Segunda República y, naturalmente, partidario ahora de Franco, ya que está convencido de que la guerra de España es una Cruzada contra los «rojos» republicanos. Un buen hombre que, como buen cristiano, cree que todo sucede por voluntad de Dios, un campesino nacional-católico que se enfrenta al mundo con ejemplar resignación cristiana y que, influido por el Cura, le explica a don Venancio, el médico liberal del pueblo, su interpretación maniquea, simplista y sesgada de la guerra:

> Los de este lao, luchan por Dios. Por Dios y por España. Los otros contra las dos cosas. Allí todos son judíos. ¡Y rusos!

El mundo se divide para el señor Faustino en pobres y ricos y los pobres como él han de aceptar resignadamente el dolor y el sufrimiento en este mundo, con la esperanza de que Dios les haga justicia en la otra vida, en la vida eterna. Para él republicano es sinónimo de «rojo», seres demoníacos que queman iglesias, unos «rojos» que no tienen «temor de Dios» y que, por tanto, irán derechitos al infierno.

El señor Faustino no ve con buenos ojos la relación amorosa de su hija Rosa con el Millán, un joven campesino que, según el Cura, votó por la República. Un Cura fascista que es cómplice de «la patrulla» del falangista Marcos, quien en aquel pueblo está sembrando las cunetas y fosas de cadáveres de «rojos» durante las noches y madrugadas. Además, Marcos se jacta de cortejar a Rosa hasta en las narices del Millán, con lo que el conflicto dramático, la rivalidad amorosa entre ambos, se plantea abiertamente. La tensión dramática se agrava entre ellos cuando el Millán le confiesa a Rosa que Marcos le ha amenazado de muerte:

> A mí Marcos no me da ningún aquel... Pero una tarde estaba yo a la puerta de la cantina. Pasó con esos la Patrulla.

> Y dijo, dice, que bien se lo oí yo y que lo oyeron todos: «El Millán, pa la segunda vuelta». Y se fueron tumbaos de risa.

Precisamente la acción dramática del acto primero se sitúa en la misma noche de esa siniestra «segunda vuelta» de «paseos», de nuevos fusilamientos de más «rojos» del pueblo.

Esta extrema violencia de la represión fascista contra los «rojos» la apoyan tanto el Cura –por el que no siente ninguna simpatía el liberal don Venancio, el médico–, como el Cabo de la Guardia Civil, por el que la rebelde Rosa siente una repulsión visceral:

> Es que ni un rojo hay que quedar. Ni las raíces. ¡De cuajo, concho!

En definitiva, como dice Rosa, el Millán va a ser «un muerto de mala muerte», como tantas otras víctimas (Gabino el medidor; el Tío Tres Pares, el santero; o la Gila la del ordinario) de la patrulla asesina del falangista Marcos.

La división entre los campesinos de ese pueblo rural de la España profunda viene impuesta por su actitud ante la Segunda República. La mayoría de ellos, como el Gurriato y el Fanegas, jornaleros, carecen de conciencia de clase y están convencidos, como el señor Faustino, de que el mundo se divide en pobres y ricos y que ellos son simplemente «labradores», o sea, pobres. Quienes votaron por la República, como el Millán, son considerados «rojos» por los fascistas y, como ese «*pueblecito*» se encuentra durante la guerra en zona «nazi-onal» (así se referían muy expresivamente algunos periódicos republicanos a la llamada «zona nacional», a la zona fascista), la represión contra ellos es brutal, cruel y despiadada.

Ya hemos dicho que la ciega visión del mundo del señor Faustino está iluminada por el Cura, quien justifica los asesinatos que Marcos y su patrulla falangista están perpetrando como actos que realizan por Dios y por España. Los fascistas cuentan por tanto con la complicidad hipócrita y explícita de la Iglesia, representada por un Cura que señala a los campesinos que son «rojos» para que el falangista Marcos los «pasee».

La hipocresía y el cinismo de este cura fascista y sanguinario llega al límite cuando afirma que desconoce quiénes son los asesinos de los «rojos», cuando todo el pueblo, excepto algunos ingenuos como el señor Faustino, cegado por su fe cristiana, los identifica claramente. Tanto estos asesinos como sus cómplices, las fuerzas vivas del pueblo, gozan de impunidad total y por ello el Millán se convierte en una víctima más, en un «rojo» más que va a ser asesinado. Así, en medio de una tempestad de rayos y truenos, el joven campesino se aproxima, herido de muerte, a la casa de su novia Rosa, y su agonía y muerte las describe Avecilla en una acotación, a mi modo de ver, exageradamente melodramática. Un melodramatismo que alcanza su clímax con la entrada del Frutos, que ha vuelto ciego del frente. Su irrupción en la habitación donde agoniza su madre, la señora Petra, provocará su muerte fulminante por un ataque al corazón al ver a su hijo invidente.

Este ambiente de luto por la tragedia familiar contrasta con la alegría con la que el Cabo fascista se presenta en la casa, eufórico por la caída de Barcelona el 26 de enero de 1939. Un Cabo que, al regreso del Galo de la zona republicana, le interroga como sospechoso por haber estado con «los rojos», es decir, por estar, a efectos legales, indocumentado. Aclaremos que el Galo, pese a ser apolítico y a no tener conciencia de clase, fue alistado a la fuerza en el ejército republicano por encontrarse casualmente en dicha zona. Pese a su ingenuidad, este labrador va a contar a la vuelta su experiencia de la guerra en el bando republicano para desmentir así, ante la irritación sorda del Cabo, todas las falsedades de la propaganda fascista contra «los rojos».

Tras escuchar su testimonio, el Cabo, ante la estupefacción de todos los presentes, sentencia que tiene que volver al campo de concentración franquista de donde ha escapado. Y El Galo, obediente, sumiso e ingenuo, va a aceptar la orden del Cabo y se convertirá así en una nueva víctima de la represión fascista. Como telón de fondo, en contraste con el dolor y el luto de la familia, se desarrolla en la calle la fiesta de la caída de Barcelona y vuelve a oírse el *Cara al sol* falangista.

El acto tercero transcurre en un espacio escénico insólito en el teatro de nuestro exilio republicano de 1939 como es el de un campo de concentración de la España franquista. Si resulta exiguo el número de obras dramáticas situadas en campos de concentración franceses (Aznar Soler 2010, 2015 y 2023a: 83-111) o en campos de exterminio nazis (Amo Sánchez 2021), abundan aún menos, hasta donde se me alcanza, las obras situadas en campos de concentración franquistas como éste de *Que en España empieza a amanecer,* «*la estrofa terrible*» del himno de la Falange que en aquel campo escuchan los presos republicanos cada día al amanecer.

En efecto, en este campo de concentración franquista, al igual que en las cárceles, se realizaban todos los amaneceres las tristemente famosas y siniestras «sacas». La trágica suerte en la «saca» de hoy le corresponde al interno 924, es decir, a Galo Municio López, al infeliz Galo, que no ha sido «ni rojo ni ná», aunque el preso republicano 1 lo considera, sencillamente, un fascista. Así, el Galo, un joven labrador, estupefacto, temeroso y cobarde ante el pelotón de fusilamiento, va a ser también asesinado, víctima inocente de su propia ingenuidad política. Por el contrario, las actitudes de los presos republicanos ante los fusilamientos son dignas y gritan ante el paredón «¡Viva la República!» o insultan a los fascistas como «¡Asesinos!».

EL SEÑOR FAUSTINO Y LOS PERSONAJES FEMENINOS

En el acto cuarto el tiempo de la acción dramática es inconcreto, pero estamos ya en la inmediata postguerra, en 1939-1940, en plena resaca de la Victoria, en la instauración del Nuevo Orden impuesto por la dictadura militar franquista.

Lo más interesante de este acto cuarto es el proceso de toma de conciencia política e ideológica de las dos mujeres, Micaela y Rosa. Micaela acompañó al Galo al campo de concentración franquista y ha conocido allá a mujeres de presos republicanos que le han abierto los ojos. Tanto Rosa como Micaela han descubierto, a través del dolor de su experiencia, que «el otro lao», el de la República, el lado del Millán, un labrador con conciencia de clase, era el lado «bueno».

Ciertamente, como dice Micaela, «aquí estamos a ciegas», pero a la ceguera física del Frutos se suma la mirada ciega, la ceguera de clase de campesinos como el señor Faustino, ya hemos dicho que ejemplo perfecto de víctima de la religión como opio del pueblo. Un labrador, políticamente inculto, que se ha equivocado de bando, que por su fundamentalismo cristiano y por la influencia del Cura ha estado en el bando de la Victoria y que, sin embargo, va a cosechar la derrota más amarga, porque va a perder ahora las tierras que la República le concedió. Así, el señor Faustino, teórico vencedor de la guerra, va a resultar finalmente un vencido más.

Porque, en el desenlace de este drama social y político aún le espera al señor Faustino la revelación dolorosa del precio personal que va a tener que pagar por esa Victoria del bando que él ha apoyado a ciegas. Así, en el acto cuarto, para abrirle los ojos a la nueva realidad de la Victoria, entra en escena don Magín, el apoderado del señor marqués de la Esgueva, propietario de las tierras que el gobierno republicano dio a los campesinos, es decir, que le entregó al señor Faustino, hasta entonces mero «rentero» de dicho marqués.

Don Magín Alonso viene a explicarle al señor Faustino que, con la Victoria, las tierras vuelven a ser ahora propiedad del marqués. Sin embargo, el señor Faustino reivindica que esas tierras son ya suyas con argumentos que, en los oídos de don Magín, suenan a retórica «roja». Sorprendentemente para él, el señor Faustino, ultracatólico y franquista, va a convertirse en otra víctima más del nacional-catolicismo de la Victoria. Porque en la Nueva España, contra el desorden republicano, va a imperar un Nuevo Orden, es decir, el antiguo orden va a ser restablecido y las tierras no serán para quien las trabaja, sino que han de ser devueltas a sus dueños, los señoritos terratenientes. Esta es la amarga lección final que va a iluminar la conciencia de clase del señor Faustino, porque Ejército, Iglesia, Falange, Guardia Civil y Aristocracia son los auténticos vencedores de la guerra y no los labradores pobres, por más cristianos y franquistas que sean, como es el caso del propio señor Faustino.

La revelación de la conciencia de clase del señor Faustino resulta patética al descubrir tardíamente que la justicia social era un valor republicano que la Victoria franquista va a arrebatarle. Por ello, ante la injusticia social que representan don Magín y el marqués de la Esgueva, el señor Faustino va a reclamar ahora justicia social, es decir, la propiedad de una tierra que ha trabajado durante cuarenta años («¡Por mis cuarenta años de labrar pa los señores Marqueses de la Esgueva, que a tres conocí! (...) Por mi vida, entregada a las tierras»), con un lenguaje plenamente republicano y de clase, muy arraigado en la tradición anarquista: «¡La tierra pa el que la labra!».

Este teórico vencedor ha entendido ahora que esta guerra implicaba una lucha de clases y que la Victoria no les pertenece a los campesinos pobres, por más franquistas y cristianos que sean, sino a los terratenientes y a los señoritos. Y, sobre todo, que la religión es un medio de alienación del campesinado, un opio para el pueblo, un engaño para los pobres inventado por los ricos y sus cómplices (el Cura, el Cabo de la guardia civil) en nombre de Dios:

> ¡La guerra! Pues ya se ve lo que es la guerra. Matarse los pobres pa que sigan los ricos siendo ricos. Y ná más. Y pa eso nos engañan en nombre de Dios.

Este buen hombre y buen cristiano va a aprender de su experiencia del dolor y va a abrir finalmente los ojos a la realidad al ver cómo toda su familia ha sido víctima de la guerra: el Frutos ha regresado ciego del frente fascista; su mujer, la señora Petra, ha muerto al ver a su hijo ciego; su hijo el Galo ha sido fusilado por los franquistas en el campo de concentración y ha dejado a Micaela viuda y embarazada; y el Millán, el novio de su hija Rosa, ha sido asesinado por el falangista Marcos, su rival político y amoroso.

Es la experiencia del dolor, tema muy maxaubiano –como prueban la María de *Morir por cerrar los ojos* o la Emma del monólogo *De algún tiempo a esta parte*–, la que va a abrir los ojos también finalmente a los dos personajes femeninos, a Micaela y a Rosa. El desenlace del drama, en rigor, está protagonizado por Micaela, la joven esposa del Galo. Ella, a partir del contacto con las mujeres de los presos republicanos y del fusilamiento por los vencedores franquistas de su marido, va a tomar conciencia política. Su experiencia del dolor le ha abierto los ojos y le ha hecho «despertar», interpretar la nueva realidad impuesta por la Victoria franquista en términos de lucha de clases. Micaela es ahora consciente de que la Victoria fascista significa la vuelta a la antigua legalidad de los tiempos de «cuando el rey», a una legalidad monárquica que la República había transformado en beneficio de los campesinos con su reforma agraria. Pero ha aprendido también que las virtudes cristianas son mentiras de los ricos para engañar a los pobres y que lo que ha de exigirse es justicia social.

Cabe subrayar que en el desenlace de este drama existe una diferencia sustancial entre las actitudes del señor Faustino y de Micaela. Porque la violencia del anciano es puramente verbal:

> ¡Si yo tuviese menos años, defendería mis tierras como es debido! Con las uñas. A dentelladas. Si el hijo que me queda no estuviese así, yo mismo le pondría la escopeta en las manos.

Una violencia meramente verbal, ya que el personaje acabará por resignarse cristianamente a perder las tierras, renuncia a luchar por mantenerlas y va a decidir finalmente que él y toda su familia abandonen el pueblo para empezar una nueva vida en otro lugar, porque «no quiero ser esclavo como lo fui, ni que lo sean mis hijos, ni que lo sea el que nazca».

Por el contrario, Micaela, la joven viuda embarazada que ha «despertao» de su alienación, va a ser el personaje que, lejos de un lenguaje resignado, conformista y reconciliador, defienda la necesidad de la venganza, porque, si no existe justicia, si la justicia no es igual para todos, hay que tomarse la justicia por la mano. Por ello defiende que los hijos han de vengar a sus padres, asesinados por los vencedores franquistas, y educarlos en esa venganza violenta va a constituirse en su razón de vida. Así, Micaela, que por su experiencia del dolor se ha convertido de una «pasmarota» inocua, de una «malva» tierna en una «loba» feroz, una «loba» que tiene hambre y sed de justicia, quiere vivir para vengarse de los asesinos fascistas y es el personaje que deja abierta la esperanza a una justicia futura, que será ejecutada por los hijos de las víctimas.

EPÍLOGO

En definitiva, no cabe duda de que el drama *Que en España empieza a amanecer,* de Ceferino R. Avecilla, cumplía con creces la condición impuesta por la base tercera de este concurso anarquista, que exigía «que las obras presentadas a concurso puedan ser incorporadas al Teatro Social por su contenido emancipador, humanitario, humorístico y lógicamente revolucionario». Aunque no se distinga desde nuestra perspectiva actual por su excesiva calidad dramática, este drama de Avecilla, con los ingredientes melodramáticos habituales del teatro social, tan del gusto de nuestra clase obrera, reunía los méritos políticos e ideológicos suficientes para hacerse acreedor al primer premio de este concurso de obras teatrales.

No cabe duda de que, como testimonio y documento de lo que ha sido nuestra literatura dramática en el exilio, *Que en España empieza a amanecer*, de Ceferino R. Avecilla, drama político de nuestro teatro social, no merece ni el silencio ni el olvido y, por ello, su presente edición.

NUESTRA EDICIÓN

Que en España empieza a amanecer es un «drama» de Ceferino R. Avecilla del que se conserva un ejemplar mecanografiado en el Centre Toulousain de Documentation sur l'Exil Espagnol (CTDEE) de Toulouse. Según una anotación a lápiz que dice «Montiel», era propiedad al parecer de Juan Montiel, uno de los actores del grupo Iberia que estrenaron esta obra. Agradezco a Placer Thibon, presidenta del CTDEE, el conocimiento de este «drama», que consta de sesenta y tres (63) páginas que contienen frecuentes erratas, errores y numerosas faltas de puntuación y de ortografía.

Este «drama» está compuesto por cuatro actos: el primero, de 28 páginas, dividido en dos cuadros por una «*mutación*» (páginas 1-13, el primero; y páginas 14-28, el segundo); el segundo, de 14; el tercero, de 10; y, finalmente, el cuarto de 11. Por cierto, con el título de *Empieza a amanecer* ya hemos visto que constaba como «drama» en el listado de las últimas páginas de la edición de *Noche de feria* (Avecilla 1945), por lo que, de tratarse, como parece razonable, de la misma obra, luego llamada definitivamente *Que en España empieza a amanecer,* este drama habría sido escrito por Avecilla en una fecha sin duda anterior a dicho año 1945.

La transcripción del texto me ha resultado particularmente laboriosa, porque la lengua literaria que utiliza Avecilla en la escritura de este drama es deliberadamente coloquial y popular. Así, los diálogos entre estos personajes están cargados de vulgarismos y de incorrecciones léxicas y sintácticas que tratan de reflejar con veracidad el habla de estos campesinos incultos.

Por otra parte, he respetado los laísmos del autor y he intentado limpiar el texto original de esas 63 páginas mecanografiadas de sus frecuentes erratas y errores, así como de las numerosas faltas de puntuación y de ortografía.

Por último, agradezco al Servicio de Publicaciones de la Universidad de Extremadura acoger esta edición de *Que en España empieza a amanecer*, en la nueva etapa de la colección Textos UEx.

BIBLIOGRAFÍA

ALTED VIGIL, Alicia (1998), «El teatro en los medios libertarios del exilio en Francia, 1945-1960», en AA.VV., *El exilio literario español de 1939,* edición de Manuel Aznar Soler. Sant Cugat del Vallès, Cop d'Idees-Grupo de Estudios del Exilio Literario (GEXEL), tomo II, pp. 449-464 [contiene en «Anexo» una «Relación de cuadros escénicos o grupos artísticos promovidos por las Federaciones Locales del MLE-CNT en Francia, en colaboración con Solidaridad Internacional Antifascista (SIA)», en donde anota diversas puestas en escena de hasta veintinueve grupos teatrales diferentes, pp. 463-464].

ALTED, Alicia y DOMERGUE, Lucienne (coords.) (2003), *El exilio republicano español en Toulouse, 1939-1999.* Madrid, UNED-Presses Universitaires du Mirail.

ALTED VIGIL, Alicia y DOMERGUE, Lucienne, con la colaboración de Roger González Martell (2012), «El teatro», en *La cultura del exilio anarcosindicalista español en el sur de Francia.* Madrid, Ediciones Cinca, pp. 169-187 [contiene el mismo «Anexo» de Alted Vigil, 1998, pp. 251-253].

AMO, Julián y SHELBY, Charmion (1994), *La obra impresa de los intelectuales españoles en América (1936-1945).* Madrid, Asociación Española de Archiveros, Bibliotecarios, Museólogos y Documentalistas, presentación de Ramón Rubial, introducción de Vicenta Cortés Alonso e índices de A. García Fernández y L. A. García Melero (facsímil de la primera edición: Stanford, Stanford University Press, 1950).

AMO SÁNCHEZ, Antonia (2021), *De Plutón a Orfeo: teatro concentracionario español (1944-2015). Puesta en perspectiva y exploración del corpus actual.*

ANÓNIMO (1948), «Concurso teatral de la CNT». *España Republicana,* Buenos Aires, 910 (5 de junio de 1948).

AVECILLA, Ceferino R. (1945), *Noche de feria.* México, Manuel Altolaguirre, impresor, Isla, s.f., 179 páginas. Obra fechada en «Grenade-

Sur-Garonne, Francia, 1941, Miércoles 21 de Mayo. – Domingo 20 de Julio» y dedicada «A Madame Isabel Rigal. En recuerdo de sus manos tendidas, allí en Toulouse. Ceferino R. Avecilla».

— (1946), *El teatro, 1943-1945: Opiniones*. México D.F., Talleres Claridad de los Hnos. Ramírez, 296 pp.

AZNAR SOLER, Manuel (2008-2009), «Álvaro de Orriols, dramaturgo exiliado en Francia». *Laberintos*, 10-11, pp. 222-285.

— (2010), «El campo de concentración francés como espacio escénico en la literatura dramática del exilio republicano español de 1939», en AA.VV., *La littérature espagnole et les camps français d'internement (de 1939 à nos jours),* edición de Bernard Sicot. París, Université Paris Ouest Nanterre La Défense, pp. 335-352 (reproducido en Aznar Soler 2023a: 83-111).

— (2015), *El teatro de Jorge Semprún*. Zürich, Lit Verlag, Hispanic Transnational Studies-1.

— (2018), «Ceferino R. Avecilla, autor teatral», en AA.VV., *La literatura dramática del exilio republicano de 1939 I*, edición de Manuel Aznar Soler, tomo sexto de *La historia de la literatura española y el exilio republicano de 1939*. Sevilla, Renacimiento, Biblioteca del Exilio, Anejos-40, pp. 65-125.

— (2023a), *El exilio teatral republicano de 1939 en Francia*. Sevilla, Renacimiento, Biblioteca del Exilio, Anejos-59.

— (2023b), «El frustrado estreno en el exilio francés de *España en pie*, de Álvaro de Orriols (1946)». *Sansueña*, 5, pp. 106-126.

BRAVO MAYOR, Luis Javier y MARTÍNEZ PATÓN, Víctor (2012), «Biografía de Ceferino Rodríguez Avecilla». *Cuadernos de Fútbol,* «la primera revista digital de historia del fútbol español», 31 (1 de abril).

DOMERGUE, Lucienne y LAFFRANQUE, Marie (2003), «Los españoles exiliados en Toulouse y la cultura: el ejemplo de los anarquistas», en Alicia Alted y Lucienne Domergue (coords.), *El exilio republicano español en Toulouse, 1939-1999*. Madrid, UNED-Presses Universitaires du Mirail, pp. 231-249.

ESPEJO TRENAS, Antonio (2010), «Álvaro de Orriols, pionero del teatro de masas: los estrenos de *Rosas de sangre* y *Los enemigos de la República*». *Sticomythia*, 10, 13.

— (2016), «Compromiso antifascista y teatro de resistencia en el epistolario inédito de Álvaro de Orriols». *Laberintos,* 18, pp. 459-489.

LEPAGE-SIRVEN, Marie Fleur (2016), «Oliván García, Gregorio», en Manuel Aznar Soler y José-Ramón López García (eds.), *Diccionario biobibliográfico de los escritores, editoriales y revistas del exilio republicano de 1939.* Sevilla, Renacimiento, Biblioteca del Exilio, tomo III, pp. 442-446.

MAINER, José-Carlos (2003), *La filología en el purgatorio. Los estudios literarios en torno a 1950.* Barcelona, Crítica, Letras de Humanidad.

MARTÍNEZ, Carlos (1959), *Crónica de una emigración [La de los Republicanos Españoles en 1939].* México, Libro Mex Editores, con dibujos de A[rturo] Souto.

MONFERRER, Luis (2016), «García Pradas, José», en Manuel Aznar Soler y José-Ramón López García (eds.), *Diccionario biobibliográfico de los escritores, editoriales y revistas del exilio republicano de 1939.* Sevilla, Renacimiento, Biblioteca del Exilio, tomo II, pp. 432-434.

MONTIEL, Juan (2010), *Memorias de un rojo vivo.* Toulouse, Éditions Hélios.

SÁNCHEZ DÍAZ, Ana Isabel (2016), «Avecilla, Ceferino R[odríguez] [Alonso de] (1880-1956)», en Manuel Aznar Soler y José-Ramón López García (eds.), *Diccionario biobibliográfico de los escritores, editoriales y revistas del exilio republicano de 1939.* Sevilla, Renacimiento, Biblioteca del Exilio, tomo I, pp. 230-231.

SANTOS SÁNCHEZ, Diego (2018), «El teatro de la memoria de Álvaro de Orriols», en *La literatura dramática del exilio republicano de 1939 I,* edición de Manuel Aznar Soler, volumen VI de la *Historia de la literatura del exilio republicano de 1939,* dirigida por Manuel Aznar Soler y José-Ramón López García. Sevilla, Renacimiento, Biblioteca del Exilio, Anejos-40, pp. 487-499.

SERRALTA, Marlène y Frédéric (1991), «Teatro del exilio español en Francia: el caso de Toulouse», en AA.VV., *Actas del I Encuentro Franco-Alemán de Hispanistas* (Mainz, 9 al 12 de marzo de 1989). Frankfurt am Main, Vervuert Verlag, pp. 144-151.

VIÑUALES, Mariano (1946), «*Noche de feria*, de Ceferino R. Avecilla». *Mediterrani,* México, 13-14 (febrero-abril), pp. 36-39.

VIÑUALES FARIÑAS, Mariano (2023), *Memoria de la guerra y del exilio republicano en América. Obra selecta*, edición de Carmen Cañete Quesada, palabras preliminares de Daniel Viñuales y prólogo de Juan B. Alfonseca Giner de los Ríos. Sevilla, Renacimiento, Biblioteca del Exilio-74.

Ceferino R. Avecilla

Que en España empieza a amanecer

–Drama–

Personajes

El Gurriato
El Fanegas
La Micaela
Don Venancio
El señor Faustino
El Cura
Marcos el de la abacería
El Millán
La Rosa
El cabo Bernabé
Un Mozo
El Frutos
La voz de la Petra
La madre de Millán
Una mujer
Otra mujer
Un guardia civil
Otro guardia civil
El Galo
El 1
El 2
El 3
El 4
Un sargento
El 5
Uno
Otro
El hermano del 4
Don Magín
Los de la patrulla
Unos soldados moros
Otra

En España, de 1936 a 1940

Acto primero

Ante la casa del señor Faustino. En las afueras del pueblecito donde se desarrolla la acción, y en el borde de un camino. Es de noche. La puerta de la casa está cerrada. Llegan el Gurriato y el Fanegas. Despacio. Con las manos hundidas en la faja, la chaqueta al hombro y un cigarro apagado detrás de una oreja. Llaman a la puerta. Luego de una pausa abre la Micaela.

El Gurriato.– Señor Faustino.
El Fanegas.– A la paz de Dios.

Abre la puerta la Micaela.

El Gurriato.– ¿Se puede entrar?
La Micaela.– Güas noches, hombre
El Gurriato.– Güas.
El Fanegas.– Hola…
La Micaela.– Pues vosotros diréis…
El Fanegas.– Yo, y aquí el Gurriato, que queríamos de hablar con el señor Faustino.
El Gurriato.– Eso. Como el señor Faustino nos ha mandado a decir que viniéramos y como de día está en el campo, pues que dijo, dicaquí el Fanegas, pues mira Gurriato, si tú eres gustoso, podemos alargarnos esta noche a ver qué quiere el señor Faustino.
El Fanegas.– Eso. Y que aquí estamos, Caela.
El Gurriato.– Y eso.
La Micaela.– Pues ahora saldrá, que para algo sus habrá hecho venir, y ya me pienso yo pa lo que pué que sea.

EL FANEGAS.– Está bien...

LA MICAELA.– Agurdai aquí al fresco una miaja, que está el señor médico y no creo yo que sea cosa de mucho.

EL GURRIATO.– ¿Cómo anda la señora Petra?

LA MICAELA.– Mal... Mal... Que no levanta cabeza, la pobre no tié día bueno.

EL GURRIATO.– Es que hay que ver...

LA MICAELA.– Que tóos estamos dejaos de la mano de Dios y ná más.

EL FANEGAS.– Pué que sea eso...

LA MICAELA.– Eso y ná más que eso. Y me voy. Que una hace falta en tóos laos, que la Rosa, pues que bastante tiene con aquel que cuide a su madre y sanseacabó.

EL FANEGAS.– Pues aquí estamos, Caela.

EL GURRIATO.– Y que prisa no hay, que ni tan siquiera tié uno que madrugar, con que...

EL FANEGAS.– Cuando no se trabaja...

LA MICAELA.– Tóo se arreglará. Mientras haiga salú...

Entra en la casa. El Fanegas se sienta en el suelo. Apoya la espalda en la pared. El Gurriato también se apoya, pero sin sentarse. Una pausa.

EL FANEGAS.– Tié cerco la luna.

EL GURRIATO.– Barrunta aire.

EL FANEGAS.– Va a llover.

EL GURRIATO.– Bien que lo van a agradecer las viñas.

EL FANEGAS.– Hombre, las viñas, sí. Ahora, en lo tocante a las tierras...

EL GURRIATO.– La cebá está ya segándose.

EL FANEGAS.– La cebá. ¿Pero el trigo? En las tierras de la cañá está verde entoavía, que hay que ver.

EL GURRIATO.– Eso, con una semana de sol, granao.

EL FANEGAS.– Lo que es sol en la cañá, hasta agosto... Pa la rastrojera.

EL GURRIATO.– A ver.

EL FANEGAS.– La cañá ha sido monte y monte tié que ser, y ná más que monte, tires por donde tires.

EL GURRIATO.– Eso. Y que a los conejos no hay dios que los descaste. Y con unas cosas y otras, que las tierras de la Cañá son una perdición pa el que las lleve.

EL FANEGAS.– Toma si lo son.

Una pausa.

EL GURRIATO.– Pues anda que esto de que no salga a uno ná también tié lo suyo.

EL FANEGAS.– Toma si lo tié.

EL GURRIATO.– ¿Cuándo ha pasao lo que pasa hogaño? Pues no ha pasado nunca.

EL FANEGAS.– Es que somos demasiaos labradores.

EL GURRIATO.– ¿Y qué va a hacer uno?

EL FANEGAS.– Lo que yo digo. Qué va a ser uno. O labrador, o pobre de pedir, que no hay otra.

Salen de la casa el señor Faustino y don Venancio, el médico. El Fanegas se pone en pie. El Gurriato se yergue y se «despega» de la pared.

EL GURRIATO.– Güas, señor Faustino y la compaña.

EL FANEGAS.– Pa servir a usté, don Venancio.

DON VENANCIO.– Hola, Gurriato. Buenas noches, Fanegas.

SEÑOR FAUSTINO.– Allá voy.

EL FANEGAS.– Tiempo hay, señor Faustino.

EL GURRIATO.– Más prisa tendrá aquí don Venancio.

DON VENANCIO.– Yo, no. Pero la Chola la del estanco, que está malita y está esperándome, pué que sí.

SEÑOR FAUSTINO.– Claro. Uno ya sabe qué es eso.

Se aleja un poco con don Venancio del Gurriato y del Fanegas.

DON VENANCIO.– Verdad, mucha verdad.

SEÑOR FAUSTINO.– Mire usted, don Venancio, a mí no me asusta ná, que uno es hombre y además buen cristiano, y no hay más que conformarse con la voluntad de Dios.

DON VENANCIO.– Así es, señor Faustino. Y ya me figuro yo dónde va usted a parar.

SEÑOR FAUSTINO.– Voy a parar, don Venancio, a que me diga usté si lo de la pobre de mi mujer tié arreglo, que ya ve usted que no levanta cabeza y cá día que pasa parece que se muere un poco.

DON VENANCIO.– Eso nos pasa a todos, señor Faustino, que vivir no es más que eso. Acercarse a la muerte. Y nadie sabe dónde va a toparse con ella.

SEÑOR FAUSTINO.– Eso claro...

DON VENANCIO.– Dice el refrán «mujer enferma, mujer eterna». Con que… Claro que estas cosas del corazón… Estas cosas del corazón…

SEÑOR FAUSTINO.– Pues a eso vamos. La verdá, don Venancio. Que la verdá no va a matarle a uno también.

DON VENANCIO.– Pues la verdad es que la pobre señora Petra necesita muchos cuidados. Y sobre todo dejarla muy tranquila, que así puede defenderse. Y vivir aún muchos años. Lo del refrán «mujer enferma»…

SEÑOR FAUSTINO.– Que Dios le oiga a usté, don Venancio.

DON VENANCIO.– Tranquilidad, tranquilidad y nada más que tranquilidad. No hay para ella medicina mejor.

SEÑOR FAUSTINO.– Tranquilidad… Mientras pueda hacer uno que no se entere de las cosas que han vuelto el mundo patas arriba…

DON VENANCIO.– Las cosas que se ven, y las que veremos si vivimos…

SEÑOR FAUSTINO.– Ahí está la cuestión. Si a la pobre se le pudiese asegurar una vida tranquila…, pero, sí, sí.

DON VENANCIO.– Pues una emoción la mataría, señor Faustino. Como un rayo. ¿Sabe usted algo de Frutos?

SEÑOR FAUSTINO.– Pues eso. Que se lo han llevao «al frente» como dicen. Que ya no está en el cuartel. Al frente. ¡Pa que lo maten, vamos!

DON VENANCIO.– ¿Y de Galo qué?

SEÑOR FAUSTINO.– Ná. ¡Ni esto! Con los rojos ha de seguir, que si hubiera podido escaparse, aquí estaría. Con los rojos ¡Con los rojos él, que ha vivido siempre en el santo temor de Dios! ¡Con los rojos!

DON VENANCIO.– Pero señor Faustino, ¿por qué no ha de seguir viviendo allí en el santo temor de Dios como aquí? Si no es más que eso lo que le preocupa a usted…

SEÑOR FAUSTINO.– Bien se ve que usted no sabe lo que son los rojos, don Venancio.

DON VENANCIO.– Sí, sí…

SEÑOR FAUSTINO.– Pregúntele usté al señor cura, que él sí que lo sabe. Pregúntele usté. Más en peligro está allí la salvación del alma de Galo, que aquí en el frente –el «Frente»–, la vida de Frutos.

DON VENANCIO.– No crea eso, señor Faustino. No… No…

SEÑOR FAUSTINO.– ¡Son unas fieras, don Venancio! ¿Qué se pone usté a que le han hecho coger el chopo y andar a tiros?

DON VENANCIO.– Eso puede ser que sí, que está en la edad.

SEÑOR FAUSTINO.– ¡En la edad!

DON VENANCIO.– Después de todo, es lo que aquí han hecho con Frutos. Y por lo mismo, porque está en la edad.

SEÑOR FAUSTINO.– Pero es otra cosa. ¡Qué va! Los de este lao, luchan por Dios. Por Dios y por España. Los otros contra las dos cosas. Allí todos son judíos. ¡Y rusos! ¿Es que no lo sabe usté, don Venancio?

DON VENANCIO.– Yo, no.

SEÑOR FAUSTINO.– Pues pregúnteselo usté al señor cura. O al juez. O a don Atilano, que es el primer contribuyente...

DON VENANCIO.– ¿Pa qué? Vaya, buenas noches, señor Faustino.

SEÑOR FAUSTINO.– Buenas noches, don Venancio.

DON VENANCIO.– Voy a ver si me dejan descansar esta noche, que la mujer de Antonio el medidor está fuera de cuentas y a lo mejor hay que echarse a la calle en el primer sueño, que así es este oficio.

SEÑOR FAUSTINO.– Eso. Junto al que nace y junto al que muere.

DON VENANCIO.– Como portero de la vida. A abrir la puerta a los que vienen y a cerrarla a los que se van.

Ha echado a andar. Habla como consigo mismo. El señor Faustino, le sigue y le escucha.

SEÑOR FAUSTINO.– ¿Seguimos con las gotas y las cucharadas, no?

DON VENANCIO.– Sí. Y a hacer de modo que no piense en sus hijos, ni en la guerra. Ni en lo que dice el cura, ni en lo que dice el juez, ni en lo que dice Atilano, ni en lo que dice usté, señor Faustino. Buenas noches.

SEÑOR FAUSTINO.– A la paz de Dios, don Venancio.

DON VENANCIO.– A la paz de Dios... Buena falta que nos está haciendo la paz... ¡Buenas!

EL GURRIATO.– Güas, señor médico.

EL FANEGAS.– Güas...

DON VENANCIO.– Buenas noches, Fanegas. Adiós, Gurriato.

Don Venancio se va. El señor Faustino le mira alejarse. Luego se dirige hacia el Fanegas y hacia el Gurriato.

EL FANEGAS.– No marcha, la señora Petra.

SEÑOR FAUSTINO.– No.

EL FANEGAS.– Lo que es la pobre, ya tié lo suyo.

SEÑOR FAUSTINO.– Por días se le van las fuerzas. Tié siempre los ojos cerraos. Y está blanca como la cera. Si no fuese por la fatiga, se creería uno que se había acabado.

EL GURRIATO.– Y digo yo, por qué no manda usté a decir al Tío Mijares el saludador, que se alargue pa acá. Ese lo cura todo. Y a usté le aprecia mucho.

EL FANEGAS.– ¡Anda, pues es verdá!

SEÑOR FAUSTINO.– ¡Ná! Eso, que fuera antiguamente. Ahora, lo que no haga un médico o un milagro, no hay saludador que lo haga, ¡Y como al fin y al cabo ha de ser lo que Dios quiera, pues ná!

EL FANEGAS.– Eso sí…

SEÑOR FAUSTINO.– Ahora a lo nuestro. Veréis. ¡A mí me hacen falta dos que me ayuden y he pensado en vosotros por el aquel de la confianza y de la estima! Y de… Bueno, que he pensado en vosotros.

EL GURRIATO.– Se estima, señor Faustino.

EL FANEGAS.– Hombre…

SEÑOR FAUSTINO.– Con los chicos, llevábamos la labor entre los tres trabajando lo que fuese, que ni a mí ni a ellos nos asusta la faena y ya lo sabéis vosotros.

EL FANEGAS.– Verdad.

EL GURRIATO.– Gloria da ver las tierras.

EL FANEGAS.– Y las viñas.

EL GURRIATO.– Respective a la viña, no hay en tóo el término mejor llevada.

SEÑOR FAUSTINO.– Se hace lo que se puede y ná más. Con que… Si sois gustosos de conmigo, arreglaos y a ello, y Dios dirá lo que haya de ser de nosotros el día de mañana.

EL FANEGAS.– Gustosos somos nosotros, señor Faustino, ¿no, verdá. Gurriato?

EL GURRIATO.– ¡A ver!

SEÑOR FAUSTINO.– Pues ya está. Mañana, si Dios quiere, tú, Fanegas, te vas a la viña, que hay que cavarla una miaja. Y tú, Gurriato, al habar. ¿Sus parece?

EL GURRIATO.– ¡Digo!

EL FANEGAS.– De la viña hablábamos denantes yo y el Gurriato.

EL GURRIATO.– Allí hablábamos yo y el Galo la última vez. Como la de Atilano está al lao, y yo trabajaba con Atilano...

EL FANEGAS.– ¿Y es que ni tan siquiera le ha mandado a usté a decir lo que ha hecho con él?

SEÑOR FAUSTINO.– Ni tan siquiera ná.

EL GURRIATO.– ¡Es que también fue!... ¿Irse de mercao a la villa, él, que no iba nunca, pa que le cogiera allí la cosa tan malamente?...

SEÑOR FAUSTINO.– Que estaba de Dios y ná más.

EL FANEGAS.– Y menos mal que aquí, el señor Faustino, lo toma de esta conformidá.

SEÑOR FAUSTINO.– Y desgracia de mí si no tuviese resignación. No hay más que la voluntá de Dios. ¡La mía! ¿Quién nos da y quién nos quita? Él. No hay más que mirarme a mí. ¿Es que ha pasao nadie más miserias que he pasao yo? Nadie. ¿Qué tenía yo cuando vine al mundo? Ná. ¿Y no son hoy mías las tierras que llevaba? Pues eso.

EL FANEGAS.– Es que las tierras se las dio la República a quien había que dárselas. Con que...

EL GURRIATO.– Eso.

SEÑOR FAUSTINO.– ¡La República!... La voluntad de Dios, sí que sí. ¡La República!..., ná. En el mundo no hay más que eso. La voluntad de Dios. ¿Es que no sabéis que sin la voluntad de Dios no se mueve ni una hoja de un árbol, eh? Pues si ni se mueve ni una hoja en un árbol, que hay que ver cómo van a darle a uno nada sin la voluntad de Dios.

EL FANEGAS.– Hombre, señor Faustino...

Sale de la casa la Micaela.

LA MICAELA.– Dice la señora Petra que si no va a acostarse ya.

SEÑOR FAUSTINO.– Voy. Voy. Con que...

EL FANEGAS.– Pues eso. ¡Que yo a la viña!

EL GURRIATO.– Y yo al habar.

SEÑOR FAUSTINO.– Eso. Y a las doce, cuando vengáis a comer, ya os diré yo...

EL GURRIATO.– Cabal.

EL FANEGAS.– Con que...

EL GURRIATO.– Hasta mañana, señor Faustino.

EL FANEGAS.– Con Dios, Caela.
LA MICAELA.– Condiós...

Echan a andar el Fanegas y el Gurriato. Se cruzan con el Cura, que llega.

EL FANEGAS.– Güas, señor cura.
EL CURA.– Buenas noches nos dé Dios.
EL GURRIATO.– Güas...

Siguen andando y desaparecen, el Fanegas y el Gurriato.

SEÑOR FAUSTINO.– Buenas noches.
EL CURA.– ¿Qué tal va la salud de esa pobre Petra, señor Faustino?
SEÑOR FAUSTINO.– Mal. Mal. Lo que es, si Dios no lo remedia, yo no sé...

A la Micaela, que con los brazos cruzados sobre la cintura, aguarda a que el señor Faustino entre en la casa.

Allá voy. Anda. Ve tú y que descanse un poco la Rosa, que buena falta le hace también.
LA MICAELA.– Como que se la ve que pierde por días, señor.

Entra en la casa la Micaela. Se quedan solos el señor Faustino y el Cura.

EL CURA.– La Rosa... La Rosa...
SEÑOR FAUSTINO.– Que Dios me dé fuerzas, señor cura, que buena falta me hacen.
EL CURA.– ¿Y a quién no?
SEÑOR FAUSTINO.– Es que a mí son muchas las que me hacen falta.
EL CURA.– Él proveerá... Él proveerá...
SEÑOR FAUSTINO.– Es que hay que hacerse cargo...
EL CURA.– Y nos lo hacemos. ¡Pues no nos lo hemos de hacer!...
SEÑOR FAUSTINO.– El pequeño en el frente.
EL CURA.– Con España y con Dios.
SEÑOR FAUSTINO.– El otro con los rojos.
EL CURA.– Eso... ¡Eso sí que es terrible!
SEÑOR FAUSTINO.– ¿Pues y lo de la pobre de mi mujer? Que dice el médico que cualquier cosa puede matarla, señor cura. Que si una emoción... Que si un disgusto... Con que hágase usted cargo con las cosas que nos esperan.

EL CURA.– Y Rosa... La Rosa...

SEÑOR FAUSTINO.– La Rosa, ¡ná! La Rosa pues como uno, que no vive con lo de su madre y con lo de sus hermanos lo que tié que pasar. Pero la Rosa es joven. La Rosa...

EL CURA.– La Rosa, señor Faustino... Con la Rosa, tiene usted que tener mucho cuidado...

SEÑOR FAUSTINO.– ¡Señor cura!

EL CURA.– La Rosa... Pero si lo sabe usted. La Rosa habla con Millán, el de la huerta de Cristo.

SEÑOR FAUSTINO.– Ná. Cosa de ná... Si son dos criaturas, señor.

EL CURA.– Se hablan, señor Faustino. Y eso no puede ser. Y con eso hay que acabar, que usted es un buen cristiano.

SEÑOR FAUSTINO.– Pero, ¿qué quié usté dicir, señor cura?

EL CURA.– Pues eso. Lo que usted mismo sabe. Lo que sabe todo el pueblo.

SEÑOR FAUSTINO.– ¿Yo? Yo no sé ná.

EL CURA.– Usted sabe... ¿Pero cómo no va usted a saberlo? Usted sabe que los de la huerta de Cristo, son como son, La viuda y el Millán. La madre y el hijo. Rojos como diablos, señor Faustino, y no sirve darle vueltas.

SEÑOR FAUSTINO.– ¡Cá! ¿De cuándo?

EL CURA.– Pregunte usted... Pregunte usted... Millán fue de los que votaron por la República.

SEÑOR FAUSTINO.– Pero si el Millán no tiene voto entoavía.

EL CURA.– Votó por la República. ¡Si lo sabré yo! Y como yo lo saben quienes lo tienen que saber. Y no tendría nada de extraño, que cualquier noche...

SEÑOR FAUSTINO.– ¿Qué?

EL CURA.– Pues lo que pasa... Lo que pasa porque tiene que pasar...

SEÑOR FAUSTINO.– ¡No! ¡No! Dios me perdone, pero si eso que dice usté que pasa porque tiene que pasar y que está pasando, me pone los pelos de punta. Que todas las noches se oyen los tiros desde aquí. Y todas las mañanas aparece alguien patas arriba en las cunetas o al pie de las tapias del camposanto. Y un día, es Gabino el medidor. Y otro día es la Gila la del ordinario, y otro el tío Tres Pares, el santero, que hasta fue sacristán de las monjas de las eras... Y a mí que no me digan que un santero...

EL CURA.– Gabino el medidor, también había votado por la República. Y la Gilda no cumplió nunca con la Iglesia.

Y quien no cumple con la Iglesia, ¿cómo no va a ser rojo? Y el tío tres Pares fue sacristán de las monjas. ¿Pero sabe usted por qué le quitaron la sacristía?

SEÑOR FAUSTINO.– Yo no.

EL CURA.– Pues porque tenía en su casa clavado en la pared, como a un santo, un cromo de Pi y Margall... Mala gente. Malos ejemplos. Cuando los que sean, que nadie sabe quiénes son, hacen lo que hacen, sus razones tienen, que porque sí, a nadie fusilan los buenos cristianos. Y yo me entiendo.

SEÑOR FAUSTINO.– Pero al Millán, ¿por qué tiene de pasarle nada?

EL CURA.– ¿Le parece a usted poco votar por la República?

SEÑOR FAUSTINO.– ¿A mí?... ¿Pero y si no votó?

EL CURA.– Votó. Ya le he dicho a usted que quien lo tiene que saber lo sabe. Y como votó... Y como por los que votaron pasa lo que pasa...Pues que a usted le cumple hacer que se acabe lo de la Rosa, que para eso es su hija, y tiempo tiene para esperar y ya habrá un buen cristiano que se case con ella...

SEÑOR FAUSTINO.– Sí... Claro... Pero es que yo...

Se adivina, más que se ve, un grupo sombrío e inconcreto de hombres con escopetas. Los desdibujan unas zarzas detrás de las que cruzan, que no por el camino. Caminan en silencio. Como deslizándose. Parece que va al frente de ellos Marcos el de la abacería. Al oír hablar, asoma el rostro por entre las zarzas. Le brillan como dos ascuas los ojos, que es lo único claramente visible de su persona y de las de todo el grupo.

MARCOS.– Buenas noches, señor cura y la compaña.

EL CURA.– Buenas noches.

SEÑOR FAUSTINO.– Buenas noches.

EL CURA.– ¿De paseo?

MARCOS.– De paseo...

SEÑOR FAUSTINO.– ¿De paseo?

La pregunta del cura, como la respuesta de Marcos, tienen malicia de una consigna secreta. La del señor Faustino, que en realidad no se la hace a nadie, es una forma espontánea de la expresión de su asombro, de que Marcos y aquellos hombres siniestros vayan con sus armas y a aquella hora «de paseo». Pero el señor Faustino, ingenuo y al margen de la realidad por sus propios dolores, no comprende lo que aquel paseo quiere decir.

EL CURA.– Pues contigo me voy, que no vine más que a ver cómo anda esta enferma y a darle un buen consejo, como es mi obligación, y ya he terminado.

SEÑOR FAUSTINO.– ¿De paseo, señor cura?

EL CURA.– Yo no. Buenas noches.

MARCOS.– Buenas noches.

SEÑOR FAUSTINO.– Buenas noches.

El cura, mientras se pone en pie y echa a andar, habla en voz baja al señor Faustino.

EL CURA.– Y coja usted a la Rosa por su cuenta, y dígale lo que hay que decirla, que para eso es usted su padre... y con Dios.

SEÑOR FAUSTINO.– Con Dios, señor cura.

Se va el cura con Marcos y sus hombres. El señor Faustino entra en casa. Una pausa. Silencio. Se oye lejísimos el ladrido de un perro. Luego aparece el Millán recatándose. Desliza el cuerpo a lo largo de la pared perpendicular a la fachada de la casa del señor Faustino. No traspone la esquina, adelanta el cuello para mirar a una ventana. Aguarda, con la espalda apretada contra el muro. Después aparece Rosa. Viene a cerrar la puerta. Camina despacio. Vacilante, como poco resuelta a cerrar. Se queda un momento apoyada en el quicio. Luego sale. Se sienta en el poyo próximo a la esquina en la que se oculta Millán. Avanza este el resto. Lo aproxima a Rosa cuanto puede. Ella al fin levanta la cabeza, que tiene doblada sobre el pecho. Ve al Millán. Ahoga un grito.

EL MILLÁN.– Rosa.

LA ROSA.– ¡Millán! ¿Pero qué haces ahí, hombre?

EL MILLÁN.– Ná. Que vine. Por si acaso salías.

LA ROSA.– ¿Sí?...

EL MILLÁN.– Como con lo de tu madre no duermes...

LA ROSA.– ¿Y quién duerme?...

EL MILLÁN.– Y como las noches son tan güenas...

LA ROSA.– ¿Güena la noche, si se ha nublao?

EL MILLÁN.– Sí que se ha nublao.

LA ROSA.– Y va a llover, que lo ha dicho mi padre.

EL MILLÁN.– Puede que sí que llueva...

LA ROSA.– No. A ti te pasa algo, Millán.

EL MILLÁN.– Qué va. ¡A mí!...

LA ROSA.– Y además no te atreves a decírmelo, que yo te conozco.

EL MILLÁN.– ¡Amos!

LA ROSA.– ¿Amos qué?

EL MILLÁN.– ¡Que no, guapa!

LA ROSA.– ¡Cómo que si no ibas tú a venir a la puerta a estas horas sin decírmelo y nublao, y pasando lo que pasa!

Deslizándose por la pared y como atraído por la voz y por las miradas de la Rosa, ha llegado el Millán junto a ella y se sienta a su lado en el poyo.

EL MILLÁN.– Pues por eso mismo. Pa animarte, que bien que lo necesitas. Y pa verte, que bien que lo necesito yo.

LA ROSA.– Mira, Millán, dime lo que sea, que con lo que la está pasando a una, ya no hay ná que la asuste a una. Tengo susto, chacho.

EL MILLÁN.– Que la noche siempre asusta. Y si está nublao, más. Y como está nublao...

LA ROSA.– Pué que sea eso... Y más vale.

El Millán se ha aproximado a la Rosa cuanto ha podido. Se miran en silencio. Una pausa. Vuelve a oírse el aullido de un perro.

EL MILLÁN.– Rosa...

LA ROSA.– ¿Qué?...

EL MILLÁN.– ¿Me quieres, Rosa?

LA ROSA.– Pues no te tengo que querer...

EL MILLÁN.– ¿Mucho?

LA ROSA.– Mucho.

EL MILLÁN.– Mucho...

LA ROSA.– ¡A fe que no lo sabes tú!

EL MILLÁN.– Sí que lo sé...

LA ROSA.– Pues entós.

EL MILLÁN.– Es que me da tanto gusto oírtelo a ti... Oírtelo a ti de decir...

LA ROSA.– Mia que eres tonto, chico.

EL MILLÁN.– Oye, Rosa...

LA ROSA.– ¿Qué?

EL MILLÁN.– ¿Tú no has visto esta noche a Marcos, el de la abacería?

LA ROSA.– Amos tú. ¿Yo cómo voy a verle? ¡Mia que también tiene manía con el Marcos! Claro que yo me tengo la culpa.

EL MILLÁN.– ¿Tú?

LA ROSA.– Yo. Que si no te hubiera dicho cuando te lo dije que andaba cortejándome...

EL MILLÁN.– Peor, Rosa. Porque era él quien se lo decía a todo Dios. Si me lo dijo a mí, con que...

LA ROSA.– Pues también es gusto.

EL MILLÁN.– No le has visto de pasar... Pues anda por ahí, Rosa. Esta noche anda por ahí, con los otros valentones como él. Y van con la escopeta... Y otros con pistolas, que ahora tóos andan con pistolas... Ellos dicen que son la patrulla de no sé qué...

LA ROSA.– Y pué que sí que lo sean.

EL MILLÁN.– Lo serán o no lo serán, que eso a saber. Pero que lo sean o que no lo sean, se llevan por delante a quienes se les pone, porque sí... Y esos son los que afusilan a quienes les da la gana, Rosa.

LA ROSA.– Bendito sea Dios.

EL MILLÁN.– Claro que a mí, ná. A mí Marcos no me da ningún aquel... Pero una tarde estaba yo a la puerta de la cantina. Pasó con esos la Patrulla. Y dijo, dice, que bien que se lo oí yo y que lo oyeron todos: «El Millán, pa la segunda vuelta». Y se fueron, tumbaos de risa.

LA ROSA.– ¿Pa la segunda vuelta? ¿Y eso qué es?

EL MILLÁN.– ¿Eso? Los que afusilarían después. Los de ahora.

LA ROSA.– ¡No!

EL MILLÁN.– Sí..., sí...

LA ROSA.– ¿Y cómo lo sabes tú?

EL MILLÁN.– Porque me lo dijo el Vicente el del Batán.

LA ROSA.– ¿Y el Vicente qué sabe?

EL MILLÁN.– Sabe. Porque es primo del Gil el del Juzgao. Y el Gil es de los de la patrulla. Porque como el padre del Marcos es el Juez ahora...

LA ROSA.– ¿Pero entonces?...

EL MILLÁN.– ¡Entonces, ná! A mí el Marcos, ná. Tú deja...

LA ROSA.– Pero si el Marcos es un mal hombre, chico. Que acuérdate de lo del Benito el de viuda, el primo de la Paula, que eso no sería porque fuese rojo, digo yo, que el pobre era mudo desde que le dio el parálisis.

EL MILLÁN.– Tú deja, te digo que ná...

LA ROSA.– Qué vida, señor.

EL MILLÁN.– Ya está bueno, chacha... Y ahora ya, hale, adentro. Que a lo mejor sale tu padre... ¡Hale! Y acuéstate. Y descansa, que buena falta te está haciendo, que estás molida, Rosa.

LA ROSA.– Pues como padre. Y como Caela. Y al fin y al cabo, una es joven, Millán.

EL MILLÁN.– Rosa...

LA ROSA.– Millán, Millán, me da miedo el Marcos.

EL MILLÁN.– Ná. ¡Pero si esta noche estamos tan a gusto! ¡Te he visto! Estoy a tu lao, charlamos y no me han muerto, entoavía, con que... Y a la huerta me voy, que a lo mejor mi madre no se ha acostao, por esperarme, que como es así... Anda, chica, si después de todo, como no ha ser más que lo que Dios quiera...

LA ROSA.– Eso. Y Dios no pué querer nada ni con el Marcos, ni con los que van con él, que tóos sabemos qué gente son.

EL MILLÁN.– Pues con ellos va el señor cura, Con ellos.

LA ROSA.– ¿Y qué quieres tú que haga? Como son personas pudientes... Como ahora el Marcos es del Ayuntamiento...

EL MILLÁN.– ¿Pues sabes lo que dicen?

LA ROSA.– ¿Qué dicen?

EL MILLÁN.– Pues dicen que se van a ir con el Marcos a Burgos a no sé qué cosas. Política.

LA ROSA.– Si vas hacer caso de too lo que digan.

Vuelve a pasar la patrulla a través de los matorrales. Es, como antes, un grupo sórdido, inconcreto, desdibujado, fantasmagórico, fúnebre... El Marcos asoma el rostro por entre unas ramas y mira a la casa del señor Faustino. Le brillan los ojos como dos luciérnagas. No ve ni a Rosa ni a Millán, que están muy juntos y con las manos entrelazadas. El rostro de Marcos se ilumina con una sonrisa fría, cruel, perversa.

Toda su figura se funde luego en el fondo de las sombras de los demás, y de los cañones de sus escopetas, que le sobrepasan. La Rosa y el Millán, que han visto a la «Patrulla», hablan en voz tan leve, como suspiros.

EL MILLÁN.– Mira...
LA ROSA.– El Marcos.
EL MILLÁN.– La patrulla.
LA ROSA.– ¡Y echan p'al camino de la huerta!
EL MILLÁN.– Sí.
LA ROSA.– No vayas tú, Millán.
EL MILLÁN.– Cómo no tengo que ir.
LA ROSA.– ¡Escóndete!
EL MILLÁN.– Anda. Me encontrarían y es peor. Además, ¿y la abuela? Pon que van a buscarme. Pon que no me encuentran. Pues que tiran p'alante con ella como han hecho en otros laos.
LA ROSA.– Sí... Eso... sí. Que si llegan a la huerta antes que tú...
EL MILLÁN.– No. Corto por el atajo.
LA ROSA.– ¿Entonces te vas?
EL MILLÁN.– Sí. Adiós.
LA ROSA.– Tengo miedo, Millán...
EL MILLÁN.– Ná, lo que yo digo, ná.

Trata de serenar a Rosa, con una despreocupación fingida. Luego, la habla con una gran ternura, como si un presentimiento le advirtiera que no iba a volverla a ver.

EL MILLÁN.– Rosa...
LA ROSA.– Qué.
EL MILLÁN.– Dame un beso, Rosa...

Rosa le mira en silencio. Sonriendo los dos, un poco amargamente. Luego se abrazan. Y abrazados, permanecen unos instantes. Musitan y repiten sus nombres en voz muy baja. Se besan. Se desenlazan lentamente y en silencio. Luego, el Millán se va corriendo. Rosa se cubre el rostro con las manos. Llora. Una pausa. Luego sale el señor Faustino.

SEÑOR FAUSTINO.– Rosa...
LA ROSA.– Padre.

SEÑOR FAUSTINO.– ¿Qué haces?
LA ROSA.– Pues ya ve usté.
SEÑOR FAUSTINO.– ¡Qué nublao está!
LA ROSA.– ¿Se ha dormido madre?
SEÑOR FAUSTINO.– Parece que sí. Ahora está bien. Descansa.
LA ROSA.– Bendito sea Dios.
SEÑOR FAUSTINO.– Pero la Caela no quiere acostarse. Y eso que está la pobre, que no puede con su alma. Con que acuéstate tú, y descansa, que buena falta te hace también.
LA ROSA.– Más falta le hace a usté, padre.
SEÑOR FAUSTINO.– A mí no, que ya he descabezao un poco. Yo aquí me quedo, para despejarme.
LA ROSA.– Va a llover.
SEÑOR FAUSTINO.– A ver si así refresca, que está la noche mú pesá.
LA ROSA.– Pesá..., pesá...
SEÑOR FAUSTINO.– Que sopla el aire y te quema la cara. Como viene de la parte de la ermita... Si no cambia, nublao tenemos. Malo será que no granice como el año pasao. Y si cae piedra, lo que es las viñas... ¿Pero no tienes sueño tú?
LA ROSA.– No, padre, no.
SEÑOR FAUSTINO.– Ay, qué agonía.
LA ROSA.– Bien que nos prueba Dios, padre.
SEÑOR FAUSTINO.– Y bendito sea su santo nombre, que al fin y al cabo esta vida es un suspiro y un valle de lágrimas y lo que importa es ser un buen cristiano, hija... Y uno lo es, gracias a Dios.

Pausa. Silencio. La Rosa ha doblado el cuello sobre el pecho, primero. Luego, echa hacia atrás la cabeza, con los ojos cerrados, y la apoya en la pared, y con los brazos rígidos extiende las manos sobre el poyo y eleva los hombros.

SEÑOR FAUSTINO.– ¿Te has dormido, Rosa?
LA ROSA.– ¿Yo? Yo no, padre. ¿Cómo quiere usted que duerma, con lo que tiene una encima?
SEÑOR FAUSTINO.– ¡Ay, pobre! Pronto empiezas tú a pasar trabajos, galana.
LA ROSA.– Pues como todo el mundo. Como usté, padre.
SEÑOR FAUSTINO.– Pero uno ya está viejo, y ya se sabe que en la vejez hay que pasarlo mal, que pa eso es la vejez. Y cuando yo era joven, la vida era la vida. Ahora no. Ahora la vida...

La Rosa.– Eso es verdad, ahora…

Señor Faustino.– Gracias a Dios, tú tienes muchos años por delante, hija. Y ya cambiarán las cosas, porque tiene que ser. Y ya encontrarás tu hombre de bien que te haga feliz. Lo que dice el señor cura, que piensa en ti mucho.

La Rosa.– ¿En mí? Amos.

Señor Faustino.– Toma si piensa. Como que esta noche me ha dicho… ¿A que no sabes tú lo que me ha dicho?

La Rosa.– ¿Y como quié usté que lo sepa, padre?

Señor Faustino.– Pues me ha dicho que no está bien que hables con el Millán.

La Rosa.– ¿Que no está bien? ¿Pues qué tié que decir nadie del Millán? ¿Es que no es un mozo trabajador, que da gloria? ¿Es que no es bueno, que no hay quien diga de él ni tanto así? ¿Es que no cumple con la Iglesia como Dios manda? A ver si a lo mejor, le mira al Millán con malos ojos y…

Señor Faustino.– Pero, Rosa, hija… ¿Cómo quieres tú que el señor cura mire con malos ojos a nadie? Con malos ojos el señor cura… Ni que estuvieras dejada de la mano de Dios pa decir eso. Sobre que el Millán, puede que cumpla con la Iglesia como dices tú, pero que votó por la República, eso no hay quien lo mueva. Y cuando se vota por la República es que se es rojo… Y cuando se es rojo…

La Rosa.– ¡Ay, padre, que acabarán de volverle a usted el juicio con esas cosas! Rojo. Rojo. Que si es rojo el Millán… Que si la República… ¡Pues si por la República tiene usté sus tierras, padre, que ella se las dio!

Señor Faustino.– ¡Qué va! Por la República… ¡Por mis cuarenta años de labrar pa los señores Marqueses de la Esgueva, que a tres conocí! ¡Por la República! Por mi vida, entregada a las tierras.

La Rosa.– Pues eso es la República, padre.

Señor Faustino.– ¡Cá! Vas tú a decirme a mí… La República son los que queman las iglesias por tóos laos, que en Madrid y en Barcelona y en no sé cuántas partes, no queda una en pie. Y por eso tus hermanos, Frutos y tóos los mozos tuvieron que ir al servicio antes y con antes, pa defender a Dios y a España. Eso, eso es la República. Y de tu otro hermano, ¡sabe Dios lo que habrá hecho la República! Y ahí tienes a la Caela, sin amparo. Y la República son los hombres sin temor a Dios, que ahí tienes, y es un decir, al tío Tres Pares, al santero, que pregunta al señor cura por qué le echaron de las monjas y ya ves qué fin tuvo, que uno no sabe hasta que se entera por quienes se tiene que enterar...

LA ROSA.– Pues el Tío Tres Pares, afusilao, como un montón de ellos. ¿Y es que va usté a decir que está bien que se afusile a la gente como se la afusila?

SEÑOR FAUSTINO.– Ya llueve... ¿Es que ha tronao?

LA ROSA.– No.

SEÑOR FAUSTINO.– ¿No?

El viento se desencadena. Agita las ramas de los árboles. Se oye un gran portazo. Alumbra el paisaje la lividez de un relámpago.

LA ROSA.– Afusilaos... Como el Gabino el medidor. Y como la pobre de la señora Gila, y como un porción. ¿Es que los pobres merecían la mala muerte que les dieron? ¡Amos!

SEÑOR FAUSTINO.– Que les dieron... ¿Y quiénes?

LA ROSA.– Eso...

SEÑOR FAUSTINO.– Eso como no se sabe...

LA ROSA.– Eso...

Un gran silencio. Un profundo silencio. En el fondo de él rueda una descarga. Rosa, que estaba doblada sobre la cintura, se yergue embravecida.

SEÑOR FAUSTINO.– Ahora sí que ha tronao...

LA ROSA.– ¿Tronao? Qué va. ¿Tronao? Esos son tiros, padre. Los tiros de por las noches, otra vez. Mañana ya sabe... O en las tapias del camposanto, o en las cunetas, otros cuantos muertos de mala muerte.

SEÑOR FAUSTINO.– Que no lo quiera Dios, hija.

LA ROSA.– Cómo va a quererlo Dios. Pero con que lo quiera quien usté sabe, ya está.

SEÑOR FAUSTINO.– Yo no lo sé.

LA ROSA.– Pues pregúnteselo usté al señor cura, que él sí que lo sabe.

SEÑOR FAUSTINO.– ¡El señor cura! ¡Qué va!

LA ROSA.– Y yo.

SEÑOR FAUSTINO.– ¿Tú?

LA ROSA.– Y todo el pueblo. Es Marcos el de la abacería. Y sus amigos. Y si lo sé yo, ¿cómo que no van a saberlo los otros?

SEÑOR FAUSTINO.– ¡No! ¡No!

LA ROSA.– ¡Marcos! Marcos! ¡Pa que el señor cura diga que es un hombre de bien y una buena proporción! ¡Marcos el de abacería, ese!

SEÑOR FAUSTINO.– ¿Y de dónde has sacado tú eso, Rosa?

LA ROSA.– ¡De que es la verdad, padre, y ya es demasiao! Y va a acabar una volviéndose loca. ¡Marcos el de la abacería! Y esto es la segunda vuelta, como dicen ellos.

SEÑOR FAUSTINO.– ¡Pero Rosa! ¡Pero chica!

LA ROSA.– Y además esta noche que me están martillando los sesos una cosa que ojalá Dios que no lo sea, y yo me entiendo, padre, y ya verá que el Marcos es capaz de todo y que ni es Dios ni España lo que le importa y...

SEÑOR FAUSTINO.– Calla. Que anda que cualquiera que te oyese las cosas que estás diciendo, que te iba a tomar por una roja, y Dios nos libre.

LA ROSA.– ¡Ni roja, ni no roja, padre! La verdad, y ya veremos en qué para todo y si es lo que yo digo, y ojalá Dios que no lo sea, que más vale.

SEÑOR FAUSTINO.– Eso. Más vale. Sobre que no hay más voluntad que la de Dios, hija, y acuérdate lo que ha pasao en eso mismo de afusilar que dicen. Pues que a más de uno y a más de dos, no les quitaron la vida cuando quisieron, que a rastras se escaparon de la muerte. Y ahí tienes mismo lo que pasó con el Benito del de la viuda.

LA ROSA.– ¿Y qué pasó con el Benito? Pues que lo mataron después mismo a la puerta de su casa y que madre lo recogió chorreando sangre al pie de la puerta, que los que la vieron con el hijo muerto tendido en sus rodillas y los brazos en cruz, sin voz y cubierta de lágrimas, dicen que parecía talmente la virgen de las Angustias.

SEÑOR FAUSTINO.– Eso sí. ¡La Virgen de las Angustias!...

LA ROSA.– ¿Es que era rojo el Benito?

SEÑOR FAUSTINO.– Pues yo no sé. Pero cuando pasó lo que pasó...

LA ROSA.– Qué va. ¡Rojo! ¿Qué sabía el Benito de esas cosas? ¡Ni nadie del pueblo! Mia tú aquí…

SEÑOR FAUSTINO.– Eso sí que no, que rojos y bien rojos los hay sin temor a Dios como los judíos y por eso pasa lo que pasa.

LA ROSA.– Que no padre, que no. Lo del Benito, es un poner. El Marcos veía al Benito con muy malos ojos desde el Corpus, porque quiso que la Paula, su prima, bailase con él a la fuerza, y se agarraron en la misma plaza y el Benito la escalabró de cantazo.

SEÑOR FAUSTINO.– Es que tú también miras al Marcos muy malamente.

LA ROSA.– Pues al tiempo, padre.

Han cubierto las sombras el paisaje. Todo lo envuelve la tormenta. Arrecia la lluvia. Un relámpago. Un trueno.

LA ROSA.– Ahora sí que ha tronao. Y llueve.

SEÑOR FAUSTINO.– Vamos pa dentro. Y descabeza un poco, que buena falta te hace. Esta noche, que tu madre está un poco tranquila.

LA ROSA.– Que se eche la Caela, mejor.

Se han puesto de pie los dos. Van muy despacio hacia la casa. Rasga las sombras otro relámpago y crepita otro trueno. Se santiguan los dos.

LA ROSA.– Santa Bárbara bendita, y cómo llueve.

SEÑOR FAUSTINO.– Mientras no sea piedra…

LA ROSA.– Dice usted… ¿Pues el señor Niceto? ¿Es que el señor Niceto era rojo? Enterrador de toda la vida. Y no abría la boca si no era para decir un responso. ¿Y sabe usté por qué dicen que lo mataron? Pues pa que no dijera a cuántos le hicieron enterrar aquella misma noche. Y eso también lo sabe el señor cura, que le llevaron a que los confesara…

SEÑOR FAUSTINO.– Entra que cierre.

La Rosa se ha exaltado mucho en sus últimas frases. Parecía que hablaba contra su voluntad, como bajo un impulso irrefrenable. Han entrado en la casa. El señor Faustino ha cerrado la puerta. Se oye el chirriar del cerrojo al ser corrido dentro. Arrecia la tempestad. Los relámpagos inflaman las sombras. Tabletean los truenos. La lluvia, dura y recia, azota la tierra, se desliza por la fachada de la casa, cae desde el tejado en hebras rígidas como los hilos de un telar. Como perseguido por la furia de la tempestad, y envuelto en la sombra que borra y hace invisible sus contornos, llega Millán, no se sabe por dónde. Como un aparecido. En realidad, solo es visible a la luz de los relámpagos. Y uno es el que le descubre. Se desliza por la pared como cuando llegó la primera vez. Pero cae al suelo agotado. Y sigue arrastrándose, angustiadísimo, con determinación de alcanzar la puerta de la casa. Lleva la ropa destrozada. Chorrea sangre. Llega a ella al fin. Pero ya está definitivamente agotado. Le azotan el rostro los hilos de agua que caen del alero. Se espesan las sombras de la noche. La furia de la tormenta es cada vez mayor. Millán, desplomado ante la puerta de la casa, hace terribles esfuerzos para incorporarse. La empuja. Quiere abrirla. Pero todo es inútil. A merced de un esfuerzo definitivo, logra mantenerse en pie. Pero es un momento. Se dobla la cintura. Cae de nuevo. Entonces levanta una mano para alcanzar el aldabón. Pero no lo logra. La mano abierta, extendida y empapada de sangre, queda como clavada en la puerta. Arrecia la lluvia, furiosamente. La mano de Millán, que gotea sangre, como agua el alero, queda alumbrada por la luz lívida de una sucesión incansable de relámpagos. Vuelven a aullar los perros. Ahora desesperadamente. Lejos se alza como desperezándose el himno lúgubre que cantan forzosamente.

TELÓN

Mutación

La enorme cocina de la casa del señor Faustino. En un rincón de ella, el hogar, con su gran chimenea de campana. Junto a ella una ventana, que da a un corral. En el fondo, una puerta grande, que se abre sobre el zaguán, obscuro y perfectamente visible. Como es asimismo la puerta de la calle, que tiene dos batientes y un postiguillo. El postiguillo es el único trozo de la puerta que abren y cierran en el transcurso de la acción. De junto a la puerta de la cocina, arranca la escalera que conduce al piso superior. Entre ellos y los primeros términos hay otra puerta. Es la que conduce a las habitaciones, en la última de las cuales está la señá Petra. En la pared del fondo y sobre un arcón recio y enorme, hay un crucifijo. Y a sus pies un ramo enorme de romero y oliva de los que bendicen el Domingo de Ramos en la iglesia. Sobre el arcón, una vela. Una alacena, una mesa y unas sillas de pino. Solo están en la cocina la Rosa y la Micaela. La Rosa, sentada en el primer escalón de la escalera, tiene los codos apoyados en las rodillas y el mentón en las palmas de las manos. Parece ajena a todo. La Micaela cocina, siempre resignada, al revés de Rosa, en la que se advierte la secreta determinación de rebelarse contra todo.

LA MICAELA.– Ven p'acá, mujer, y arrímate a la lumbre.

LA ROSA.– Estoy bien aquí. Y deja y no te ocupes de lo mío, que bastante tiés con lo tuyo, que no sabe una cómo aguantas.

LA MICAELA.– Se aguanta todo.

LA ROSA.– Se aguanta hasta que no se pué más. Ahí tiés a madre. Tú dirás si ha aguantado y ya...

LA MICAELA.– ¿Ya qué? Si lo malo son los fríos, mujer, y en cuanto pase el invierno se pondrá buena, que bien que nos lo tiene dicho don Venancio el médico.

LA ROSA.– Ojalá Dios. Pero ya verás como antes de que llegue el buen tiempo... Antes de que llegue el buen tiempo...

LA MICAELA.– Que no, mujer. Y más ahora que viene el Frutos...

Sale el señor Faustino de las habitaciones de la señá Petra. Despacio. Abatido. Se sienta junto a la lumbre. No despega los labios.

LA MICAELA.– ¿No, verdad, agüelo? Que digo a la Rosa que madre se pondrá güena con el calor.

SEÑOR FAUSTINO.– Lo que es güena... Si parece que cada día se muere un poco, que ya no es ni su sombra.

LA ROSA.– Una pavesa... Una pavesa...

SEÑOR FAUSTINO.– Cuando le dije ayer que el Frutos ha salido del hospital y que va a venir, se animó un poco. Pero ná. Un chisporroteo de ná. Luego cerró los ojos y no los ha vuelto a abrir. Y cuando la digo que va a venir hoy, mueve la cabeza. Y ná más. Mueve la cabeza.

LA ROSA.– ¿Y vendrá hoy, padre?

SEÑOR FAUSTINO.– Eso dice el cabo.

LA ROSA.– El cabo.

La Rosa hace un gesto de repulsión. Es con el que acoge siempre el recuerdo o la presencia de la guardia civil, que la produce una inquietud y una repulsión que Rosa expresa sin disimulos.

LA MICAELA.– ¿Y estará curao?

SEÑOR FAUSTINO.– Digo yo que si no estuviera curao, no saldría del Hospital.

LA MICAELA.– Bueno, y si no está curao, ya se curará. La cuestión es que venga. ¡Que venga!

SEÑOR FAUSTINO.– ¡Ay si pasara lo mismo con mi Galo! Pero Galo no vendrá.

LA ROSA.– Pues lo mismo, mujer, que tampoco contábamos con que viniera el Frutos y ni tan siquiera con que salvara el pellejo. Y ya ves...

SEÑOR FAUSTINO.– Que Dios Nuestro Señor me lo tome todo en cuenta, y a vosotras también, y hágase su voluntad y bendito sea su Santo Nombre, que dos hijos me dio que no los haya más cabales y en sus manos están. Aquellas risotas del Frutos, que le hacía talmente temblar. Y aquellas ocurrencias del Galo. Y lo célebres que eran los dos, que acordaros...

La Micaela se enjuga los ojos con las puntas del delantal. La Rosa no llora. Pero su voz es profunda, obscura y agresiva. Su cuerpo vibra de indignación.

LA ROSA.– Pues ya ve usté, padre... El Frutos, dicen que vuelve. Pero el Galo, no sabemos ni siquiera si está vivo, que sí que lo estará, que si no lo estuviera lo sabríamos, que las noticias malas llegan siempre, aunque vengan de la otra punta del mundo. Contimás de donde está Galo. Pero, ¿y los que han matao por ahí malamente?

Los tres miran, sin proponérselo, a la puerta de la calle donde cayó el Millán. Una pausa.

LA ROSA.– ¿Y esos, eh? ¿Y sus madres? ¿Y quienes los quisieron bien, que no pueden ni llorarlos, ni ponerse a la cabeza un pañuelo negro tan siquiera, porque la pueden asesinar también a una? Y hay que dejar que las lágrimas que no salen la roan a una los ojos. Y como no pueden correr, no se agotan. ¿Y eso?

Otra pausa. Callan los tres. La Micaela habla al fin, en una expresión del curso de sus pensamientos.

LA MICAELA.– Que vive. Eso a saber. Sobre que si vive y no vuelve, es igual que si no viviera. Y aquí estoy yo, sin más amparo que el vuestro, que el día que me falte, tú dirás. Con el día y la noche, pa mí. Dejá de la mano de Dios.

SEÑOR FAUSTINO.– ¡Calla, chica! Dejá de la mano de Dios… ¿A quién deja Dios de su mano? ¡A nadie, Caela! ¿Es que no cuida de los pájaros del cielo? ¡Pues entós!

Se ha puesto de pie al empezar a hablar. Paso a paso se dirige de nuevo a la habitación de su mujer. Entra. Rosa le ha seguido con la mirada.

LA ROSA.– Padre va pa santo.

LA MICAELA.– Va pa santo, porque es mu viejo, que a la edad de una ya veríamos.

LA ROSA.– ¡Ay, Caela!

LA MICAELA.– Arrímate tú una miaja a la lumbre, mujer, que tiés que estar arreciá por fuerza.

LA ROSA.– Junto a la lumbre, igual…

LA MICAELA.– Eso, puede…

Se aproxima Rosa a la Micaela. Le habla bajando la voz y sollozante. Pero conserva su dura altivez.

LA ROSA.– ¡Que no se me cae el Millán del pensamiento, Caela!

LA MICAELA.– ¡Cállate, chica!

LA ROSA.– Si no hablo de él más que contigo. Déjame que hable, mujer. ¿Por qué cerraría yo la puerta aquella noche?

LA MICAELA.– ¡Y dale!

LA ROSA.– ¿Por qué? ¿Por qué?

LA MICAELA.– ¿Y qué habrías adelantado con no cerrarla?

LA ROSA.– Que entrara. Que se salvase.

LA MICAELA.– Le hubieran cogido aquí, chica. Y le hubieran rematado como le remataron en la puerta quien fuese, que eso...

LA ROSA.– Marcos.

LA MICAELA.– Calla.

LA ROSA.– ¡El Marcos el de la abacería, Caela!

LA MICAELA.– ¡Ya!... Pero anda, que el mundo da muchas vueltas, y tiene una muchos años por delante, y a saber lo que pué pasar mañana u otro día.

LA ROSA.– ¡Eso no es vida, mujer!

LA MICAELA.– Y eso que el Millán ná más que hablaba contigo.

LA ROSA.– Pero le quería yo con tóa mi alma. ¡Y él a mí! Con que...

LA MICAELA.– Pues hazte cargo yo, que tu hermano es mi marido, Rosa. ¡Mi marido! Gloria que yo quisiera, gloria que subía a buscar pa mí, que no ha nacío de madre, ni mozo más cabal, ni marido más bueno, Rosa.

LA ROSA.– Pero a ti ni te lo han matao como a perro. Y vivo está.

LA MICAELA.– Eso a saber...

LA ROSA.– ¿Pues y la viuda? ¿Es que no hay dolor como el de esa madre? ¿Y eso? Tú no lo habías visto. Ni llora tan siquiera. pero se consume. ¡Y tiene unos ojos!... ¡Y una mirá... que da miedo, Caela! Y lo malo será que...

LA MICAELA.– ¿Qué?

Entran el cura y don Venancio. Se callan las dos. La Micaela sigue cocinando. La Rosa se vuelve a sentar en el arranque de la escalera.

EL CURA.– Buenos días nos dé Dios.

DON VENANCIO.– Buenos días.

LA MICAELA.– Buenos días, señor cura y la compaña.

LA ROSA.– Buenos días.

DON VENANCIO.– ¿Y el agüelo?

LA ROSA.– Pues por su lao.

DON VENANCIO.– A su lao de ella.

LA ROSA.– Como siempre.

LA MICAELA.– Ya se sabe.
EL CURA.– Como debe ser. Como manda Dios, Rosa.
LA MICAELA.– Hoy no ha pasao mu güena noche.
DON VENANCIO.– ¿Pero está animadilla?
LA ROSA.– No señor, no. Qué va.
DON VENANCIO.– Vamos a ver... Vamos a ver...
LA MICAELA.– Echa tú un ojo a la lumbre, Rosa.

Don Venancio ha echado a andar hacia la habitación de la señora Petra. La Micaela, se seca las manos con el delantal y acompaña a don Venancio. La Rosa, se levanta y va hacia el hogar. El cura, después, se sienta.

EL CURA.– Yo también entraría. Pero puede figurase al verme que es que la ha llegado la hora de ponerse en gracia de Dios. Y como el médico dice... Pues aquí me quedo y aquí aguardaré a que él salga y nos diga... que si hay que atender a la salud del cuerpo, también hay que atender a la salvación del alma, y aún más, cuando llega la hora de ello.

Una pausa. La Rosa cocina. El cura la mira y sonríe, como provocando una conversación. Pero la Rosa, no despega los labios.

EL CURA.– ¿Tú qué dices, Rosa?
LA ROSA.– ¿Yo? ¿Yo qué quiere usté que diga?
EL CURA.– Algo mujer, que el trance en que tu madre está, debía tenerte con el alma en un hilo, como a mí también me tiene con la preocupación de que puede uno llegar tarde.
LA ROSA.– Ya sabemos tóos que usté no llega tarde nunca.
EL CURA.– Ni lo quiera Dios. Cuando está al llegar la hora de la muerte no hay sino que pedirle lo que convenga, que más puede su voluntad que todos los médicos del mundo y no hay medicina como la oración.
LA ROSA.– Todo es bueno y todo hace falta.
EL CURA.– Tu madre se salvará porque es una buena cristiana y no todos pueden decir lo mismo. Y tú conocías muy bien a uno que murió en pecado mortal.
LA ROSA.– ¿Yo? ¿Y quién?

EL CURA.– El Millán, Rosa...

LA ROSA.– El Millán ya no es de este mundo y no hay porqué moverle los huesos.

EL CURA.– Yo te digo, para que lo sepas, que aquella noche no se quiso confesar.

LA ROSA.– ¿Y con quién iba a confesarse?

EL CURA.– ¿Con quién? Con algún sacerdote que se le ofreciese, que los ministros del Señor saben a lo que obligan las órdenes sagradas y acuden donde hay un alma a la que salvar, aunque sea la de un rojo. Y aquella noche, como otras noches, fue uno con los que luchan por Dios y por España, porque ellos lo hacen todo como es debido y no quieren que nadie muera en pecado mortal, aunque mueran fusilados, porque no tienen más remedio que morir así. Y te digo yo que el Millán no quiso confesarse, Rosa.

LA ROSA.– Pero entonces... ¡Entonces es verdad lo que dicen! Señor cura, señor cura, que voy a acabar volviéndome loca.

EL CURA.– ¿Y por qué? No. Lo que hace falta es que reflexiones. Que hagas examen de conciencia. Que te pongas a bien con Dios. Que abras los ojos y veas que con el Millán te hubieses condenado.

LA ROSA.– ¡No! ¡No! ¡No! ¡Qué cosas! ¡Ni los judíos, señor, ni los judíos!

EL CURA.– Calla, Rosa, que no sabes lo que estás diciendo. Que hablas como los rojos ¡y alabado sea Dios! Que el Millán te volvió el juicio.

LA ROSA.– ¡No! El Millán, no. Otros serán los que puede que se lo vuelvan a una a fuerza de quererla hacer lo blanco negro. ¡El Millán, no! Otros.

EL CURA.– Nadie quiere eso, mujer.

LA ROSA.– ¿Ya sabe usted lo que digo yo? Pues le digo que el Millán era un mozo cabal y un hombre de bien, que pa él no había en el mundo más que su madre. ¿Qué va a ser de ella ahora? Trabajador y honrao y bueno. Eso. Y maldita sea la guerra y quienes la inventaron y así Dios les castigue como se merecen, que los castigará. Ahí tié usté a mi hermano el Frutos. Del hospital viene.

EL CURA.– La guerra. De la guerra ya queda poco. Dentro de nada llegarán a Madrid los buenos. Y entonces será España la tierra prometida por Dios a los suyos, que son quienes la ganan. Cómo iba a prevalecer el infierno sobre el cielo. Y eso era la República. Infierno que nos trajo el demonio. Por eso fue una España sin Dios.

LA ROSA.– Amos, ¿que los buenos son los que matan, no? Y los malos los muertos.

EL CURA.– ¿Pero tú sabes, infeliz, lo que hacen los rojos? Allí no hay ni una iglesia, que las han quemado todas. Ni un sacerdote vivo. Lo que hace falta es que corra el tiempo, que es al fin y al cabo quien nos trae la verdad y lo serena todo. Sobre que tienes gracias a tus muy pocos años todavía, y no importa lo del Millán para que haya quien te mire con buenos ojos y quién sabe…

LA ROSA.– ¿A mí?

EL CURA.– A ti.

LA ROSA.– ¡Vamos!

EL CURA.– A ti. Y a fe que el mozo vale la pena, que muchas se darían con un canto en el pecho porque las mirara como te mira a ti, que está muy bien acomodado gracias a Dios, y es muy buen cristiano y…

LA ROSA.– El Marcos, ¿no? El Marcos el de la abacería…

EL CURA.– Bien pudiera ser… Bien pudiera ser…

La Rosa se pone en pie. Se yergue brava. La llamean los ojos. La ahoga la indignación. Tiembla.

LA ROSA.– ¡Pues ese! ¡Ese fue! ¡Ese!

Avanza hacia el cura amenazadora, pero ve salir al señor Faustino enjugándose meramente los ojos detrás de don Venancio. Y su indignación frenética cede ante su ternura. Sale al encuentro de su padre, le abraza. El cura se pone de pie.

LA ROSA.– ¡Padre! ¡Padre! ¿Por qué llora usté?

SEÑOR FAUSTINO.– ¿Yo? Si no lloro, galana…

LA ROSA.– Que sí, padre.

SEÑOR FAUSTINO.– No. No. Lo que es, que ve uno a tu madre, que ya la pobre no pué más, y que se le mojan a uno los ojos una miaja, y que no sirve querer que no…

EL CURA.– ¿Está ahora tranquila la pobre?

DON VENANCIO.– Tranquila. Sí. Ahora está tranquila. Y a ver si dura esa tranquilidad, que buena falta le hace. Y a todos los de esta casa.

EL CURA.– ¿Y se ha quedado sola?

SEÑOR FAUSTINO.– Con la Caela, que no sabe uno cómo tié cuerpo pa ná.

EL CURA.– Es una lástima que no esté sola nunca, porque creo yo que no había de agravarla el confesarse, como ella acostumbra. Y, en resolución, tanto importa la salvación del alma como la salud del cuerpo, y aún más, y cada uno debe cuidar de atender con el debido rigor su sacerdocio, don Venancio.

DON VENANCIO.– Pues por eso, señor cura, yo me atengo al mío, como usted al suyo, y vuelvo a decirle que cualquier agitación puede serla fatal, y no me fuerce usted a que le repita que esto no es un plato de gusto, ni para el señor Faustino, ni para Rosa, ni para nadie.

EL CURA.– Perfectamente, señor Venancio...

DON VENANCIO.– Además, a mí me parece, señor cura, que cuando la señora Petra deje este mundo, por sus propias virtudes y sin más, sube al cielo vestida y calzada, que bien se lo ha ganado.

EL CURA.– Dios le dará lo que más convenga. Eso sí. Pero ayúdame y te ayudaré, dijo Jesús. Ea, me voy. Y ya me daré otra vueltecita por aquí, que nada se pierde y a lo mejor... Vaya, quede usted con Dios, señor Faustino. Y usted, don Venancio, y tú, Rosa.

Rosa, que está abrumada y ajena a todo, no advierte que el cura se despida de ella.

DON VENANCIO.– Buenos días.

SEÑOR FAUSTINO.– Que se va el señor cura, Rosa...

LA ROSA.– Condiós...

El cura se va. Es muy visible la satisfacción que ello le produce a don Venancio. Pero no hace sino sonreír y mirar a la puerta por la que el cura salió. Luego, se sienta en la misma silla que él ocupaba. También Rosa ha seguido su salida con la mirada. Una pausa.

DON VENANCIO.– ¿Y sabe a qué hora llega el chico?

SEÑOR FAUSTINO.– Eso. Como la camioneta no tiene hora fija...

DON VENANCIO.– Bien. Pues no se olvide usted, ni tú, Rosa... de hacer las cosas como es debido. Con que nada de llantinas, ni de extremos, ni de darles vueltas a las cosas delante de ella, ¿sabe usted, señor Faustino? ¿Oyes, Rosa?

LA ROSA.– Sí señor, sí.

SEÑOR FAUSTINO.– Todo saldrá bien si Dios quiere, don Venancio. Es como cuando lo hirieron, que no lo supo. Ni ahora sabe que viene del hospital. Yo la he dicho que como se acaba ya, porque dentro de nada tomarán Madrid los buenos, pues que le han licenciado. Como ella no entiende de estas cosas, pues que se lo cree.

DON VENANCIO.– Bien. Bueno. Pues que se quede aquí, que le oiga hablar primero y cuando esté bien tranquila, que entre. ¿Eh, te enteras tú, Rosa?

LA ROSA.– Sí señor, sí.

SEÑOR FAUSTINO.– Cuando esté bien tranquila, sí señor.

DON VENANCIO.– Mire usted que si no puede perderse todo.

SEÑOR FAUSTINO.– Ya... Ya...

DON VENANCIO.– Es una lástima que el chico no se haya quedado por allá otro par de meses. Cuando venga el buen tiempo ya será otra cosa. Pero lo que es hoy... Lo que es hoy, no sé...

SEÑOR FAUSTINO.– Ninguna. Nada.

DON VENANCIO.– ¿Y va a venir solo el Frutos?

SEÑOR FAUSTINO.– No sé si vendrá con el cabo, que como su mujer, que en paz descanse, era prima de Caela, nos tiene ley, y eso que están aquí...

LA ROSA.– El cabo. El cabo...

DON VENANCIO.– El cabo, ¿qué?

SEÑOR FAUSTINO.– La chica, que tiene un aquél con los civiles que... Pero el cabo ese nos ha puesto al corriente de todo, que si no es por él, ni tan siquiera sabemos que está en el hospital.

DON VENANCIO.– Bien, pues nada. La cucharada cada dos horas y hasta mañana, si es que antes no me doy vuelta para ver al chico. Con que... Tranquilidad y tranquilidad, pase lo que pase y cueste lo que cueste. ¿Te enteras tú, Rosa?

LA ROSA.– Sí señor, sí.

Se va el médico. El señor Faustino le acompaña hasta la puerta de la calle. Se sienta al regresar. La Rosa no se ha movido del hogar.

SEÑOR FAUSTINO.– Por decir... Pero una cosa es decir y otra cosa es poderlo hacer.

LA ROSA.– Pues cuando hace falta se hace lo que sea, padre, que ya ve usted lo que ha dicho el médico.

SEÑOR FAUSTINO.– Pues lo que viene diciendo desde el primer día, que esa es la verdad. ¿Pero es que está en la mano de uno? Pues no está en la mano de uno. Y al fin y al cabo el chico viene del hospital y cómo vas a hacer para que se quede tan tranquila cuando le vea. Que las cosas son las cosas, señor.

LA ROSA.– Pues así tié que ser, padre.

SEÑOR FAUSTINO.– Claro que así tié que ser.

LA ROSA.– Es que hay que ver, señor, que esto no es vivir, y más la valía a una acabar de una vez con todos los martirios.

SEÑOR FAUSTINO.– Que sea lo que Dios quiera y ná más que lo que Dios quiera, y hágase su voluntad, y que no nos deje de su mano, y con tu madre me voy a amachacar sobre lo mismo, que Dios nos ampare.

LA ROSA.– Y eche usted p'acá a la Caela, y a ver si pué ser que descanse unas miajas, que ya está bien.

SEÑOR FAUSTINO.– Es que hay que ver esa chica: ... ¡Hala! Y de que llegue el Frutos me das una voz y le dices, no sea que como es así, atropellao, corra y se meta y tú verás.

LA ROSA.– Usté descuide, padre, que ya le pararé yo.

SEÑOR FAUSTINO.– Es que como si lo viera, que ya lo sabes. Que antes... de que llegue se le oye gritar. Y qué te pones que de un salto, aquí se meta. Y de otro salto adentro, ahí. Y tú prepárate, que te cogerá en volandas, como te ha cogido siempre, y te dará una de voces como para volverte tarumba. Y a mí querrá hacerme de reír como siempre, pero ¡ay, que hogaño no está!... ¿Me oyes? Aunque haiga que atarlo, pero que se deje ahora de hacer el loco. ¿Oyes, tú?

LA ROSA.– Descuide usté, padre. Que cuando que le oiga, salgo y ya le diré y él se hará cargo y...

El señor Faustino, entra rezongando en la habitación de su mujer. La Rosa sigue cocinando.

SEÑOR FAUSTINO.– Bueno está uno pa ná... Buenas están las cosas pa barullos...

La Rosa se deja caer en una silla. Pausa. Luego llega El Fanegas y El Gurriato, que hablan con Rosa sin pasar de la puerta de la cocina. Llevan al hombro las chaquetas y unas herramientas de labranza. Una pala. Un azadón.

EL FANEGAS.– Ave María...

La Rosa levanta la cabeza y los ve. Les habla sin levantarse de la silla.

LA ROSA.– Hola...
EL GURRIATO.– Güas...
EL FANEGAS.– ¿No anda por ahí el señor Faustino?
LA ROSA.– ¿Queréis algo?
EL FANEGAS.– No es cosa...
EL GURRIATO.– Güasi ná.
EL FANEGAS.– Ná como aquel que dice...
EL GURRIATO.– ¿Tú estás en que viene el Frutos en la camioneta, Rosa?
LA ROSA.– Yo estoy que sí.
EL GURRIATO.– Pues entós...
EL FANEGAS.– Pues eso. Pues que yo y este queremos darle un empentón antes que ninguno, lo cual que en puestos de ir hoy a las tierras de la Alamedilla, nos vamos por la parte de las del puente, que como allí pasa la camioneta...

El Fanegas y El Gurriato, se miran y se ríen, pensando en la alegría del Frutos y en el «empentón» que le piensan dar en cuanto le vean.

EL GURRIATO.– Pa dale así...
EL FANEGAS.– Antes y con antes te dará él, no, ¿verdá, Rosa? Menudo es el Frutos. ¿No, verdá, Rosa?
LA ROSA.– Verdá.
EL GURRIATO.– Y como lo bien hecho, bien parece, pues que venimos a eso. A decírselo a tu padre.

EL FANEGAS.– Y a que él nos diga si es gustoso de ello.

LA ROSA.– Pues que acaba de meterse pa dentro, que es que no pué desapartarse de mi madre, que ya sabéis. Y respective a que sea gustoso de lo de la camioneta, claro que lo será. Con que…

EL FANEGAS.– ¡Ole!

EL GURRIATO.– Bueno, pero tú se lo dices, que las cosas son las cosas…

LA ROSA.– Andai tranquilos, que ya le diré yo.

EL GURRIATO.– ¡Ole!

LA ROSA.– Y vosotros decirle a mi hermano que no entre aquí como un demonio, que madre está como está y tié que no dar voces, que lo ha dicho don Venancio el médico, pa que no la pase ná con el aquel de verle de repente.

EL GURRIATO.– Ya… Ya…

EL FANEGAS.– Ea, a la paz de Dios, Rosa.

LA ROSA.– ¡Hala!

EL GURRIATO.– Güas.

Se van El Gurriato y El Fanegas. Una pausa. Llega después la Micaela, encogida y andando muy despacio.

LA ROSA.– Arrímate. que el cuarto de madre está arrecío. Y hay que ver, que no paras en toó el día de Dios.

LA MICAELA.– Así no se siente el frío.

LA ROSA.– El frío pué que no lo sientas. Como tampoco lo siento, que una es joven. Pero que tiés que estar molida, eso…

LA MICAELA.– ¿Es que una va a pensar en una? Qué va. ¿Con toó lo que está pasando, que paece que nos han echao una maldición?

LA ROSA.– Una maldición, eso.

LA MICAELA.– ¿Es que esto es vida? Un infierno, sí que sí y ná más que un infierno. Y ahora verás… que tóos estamos rabiando porque llegue el Frutos y a saber, que ahí tiés al nieto de la señá Juliana la de las eras, que también venía curao. Pues con una pierna solo llegó. Y por ahí va con sus muletas, que cuando anda parece su cuerpo un badajo. Y al pajarero que vino con él, manco, que tú dirás cómo va a ganarse la vida. ¡Válgame Dios! ¡Válgame Dios!

LA ROSA.– Pero lo del nieto de la Juliana y lo del pajarero ya se sabía. Y del Frutos no se dice que esté lisiado, mujer. Y no lo estará, Caela, que es que también pones tú las cosas de una conformidad…

LA MICAELA.– Ojalá y no me equivoque, que fíjate lo que iba a pasar, si la agüela le ve hecho una piltrafa. Y tan siquiera lo del Frutos, entoavía que vuelve y bendito sea Dios. Pero Galo… Mi Galo.

LA ROSA.– Pues lo mismo que hay, verás tú como el día menos pensao se aparece por esta puerta.

LA MICAELA.– ¡Ay, Dios te oyera, mujer!

LA ROSA.– ¡Los que no pueden volver, sí que sí, Caela! Esos. ¡Los que matan! ¡Los que matan! Esos. ¡Amos! Si es que es pa volverse loca.

LA MICAELA.– Claro, que tiés clavao lo del Millán.

LA ROSA.– ¡Clavao!

LA MICAELA.– Mucha ley le tenías tú, Rosa.

LA ROSA.– Mucha. Y con un muerto, y más con un muerto de mala muerte como la que él tuvo, parece que se te encona, como una espina, la ley que le tuviste. Lo tuyo es otra cosa. Tú pués hablar del Galo y llorar, porque es tu marido. Pero yo tengo que cerrar la boca, y consumirme, y no decir a nadie que lo quería como le quería, porque no está bien y así es el mundo, Caela, y no está en la mano de una el poderlo cambiar, que yo soy una chica como aquel que dice, y por un hombre no pueden sufrir a las claras más que las mujeres por sus maridos. Como tú, Caela.

LA MICAELA.– Y además una, sin enterarse de maldita de Dios la cosa. ¿Es que sabes tú por qué pasa lo que pasa? Pues no. Que los que quieren mandar riñen con los que mandan. Y aquí están nuestros hombres pa pelearse por unos y por otros. Antes te los quitaban pa llevárselos pa servir al rey. Ahora ya no eso. Ahora se los llevan al servicio, que dicen. A servir, tires por donde tires. ¡A servir! Los hombres, de soldados. O al campamento. Las mujeres, de criadas. De criadas de servir. Y ni los unos ni los otros saben a quiénes se sirve.

LA ROSA.– Cabal, pero lo de ahora no había pasao nunca.

LA MICAELA.– Jamás de los jamases, Rosa.

LA ROSA.– Y eso que dicen que esto es la gloria en comparanza con los del otro lao.

LA MICAELA.– Vete tú a saber, que a lo mejor, igual dicen los otros.

LA ROSA.– Lo más fácil.

Llega de la calle Bernabé, el cabo de la guardia civil. Viste de uniforme. Es un guardia civil representativo. Violento. Desconfiado. Torpe. Quisiera extender a todos los ámbitos del mundo la disciplina férrea, irreflexiva y brutal del «Instituto».

EL CABO.– Buenos días.

LA MICAELA.– Buenos días.

La Rosa mira al cabo. Inconscientemente, se parapeta detrás de una silla. Le saluda con voz apenas perceptible.

LA ROSA.– Hola.

EL CABO.– ¿No está el señor Faustino?

LA MICAELA.– Está allá dentro con la señá Petra, que ya sabe usté como no pué ser dejarla sola...

EL CABO.– Pues. ¿y vosotras? ¿Es que no podíais vosotras estar con ella?

LA MICAELA.– Ya estamos, Bernabé.

LA ROSA.– Si la Caela acaba de salir, señor, que yo sé ya cuántas noches hace que no pega un ojo.

LA MICAELA.– Y esta, allá dentro, se pasa tóo el día. Con que...

EL CABO.– Pues también es casualidad que un día que viene uno no estéis en vuestro sitio, ni tú ni tú.

LA ROSA.– En nuestro sitio estamos. Nosotras estamos siempre en nuestro sitio.

EL CABO.– Lo que es tú. Caela, no saliste a tu prima, que en gloria esté. Aquella sí que sí. Claro que cada una es cada una y más vale dejar esto.

LA MICAELA.– Pué que sí, que más valga.

LA ROSA.– No tardará en salir mi padre, que como está, como lo estamos todos, con lo del Frutos.

EL CABO.– Eso está bien. Y eso que hay cosas que importan más hoy.

LA ROSA.– ¿Más?

LA MICAELA.– Será pa ti.

EL CABO.– Pa mí y pa tóos los buenos españoles. Y como tu padre, ¿oyes, Rosa?

Se dirige a ella el Cabo, porque cuando él habla, Rosa mira hacia otro lado.

Pues como tu padre es de los de primera, se va a alegrar. Porque la noticia es menuda.

LA MICAELA.– ¿Es que viene mi marido también?

EL CABO.– ¡Mejor!

LA MICAELA.– ¡Cá!

EL CABO.– Es que como quien dice se ha acabao la guerra. ¡Que Madrid está al caer, vamos! ¡Ná! Que mañana o pasao, ya no hay República, ni republicanos, ni desvergüenzas. ¡Ná! Dios y España. Lo que tenía que ser. Con que si os parece… ¿a ver si esto no es para dar saltos y pa que se ponga en un altar a la guardia civil, que bien se lo ha ganado, digo yo?

LA MICAELA.– Entonces ya vendrán tóos.

EL CABO.– Vendrán, los que deben venir, y que ca palo aguante su vela y ahora a ver dónde se meten los que no tién la conciencia tranquila, que los hay.

Sale el señor Faustino con el dedo índice sobre los labios, como imponiendo silencio. Habla en voz baja.

SEÑOR FAUSTINO.– ¡Sus queréis callar, concho! ¡Que se ha quedado dormida y vais a despertarla!

EL CABO.– Las mujeres, que ya se sabe…

LA MICAELA.– Pero si nosotras no hemos abierto el pico, que todo te lo dices tú, Bernabé.

EL CABO.– ¿Yo?

LA ROSA.– Tié razón, padre.

SEÑOR FAUSTINO.– Buenos días, Bernabé, que con el aquel de lo de las voces, no te he dicho ná. Buenos días.

EL CABO.– Eso es de material.

SEÑOR FAUSTINO.– ¿Pero no habías ido tú pa venir con el Frutos?

EL CABO.– Iba a ir. Pero pasan cosas que no me han dejado. Sobre que no hace falta, que ya van pa la carretera un porción de mozos a buscarle.

LA ROSA.– El Fanegas y El Gurriato han venido a decir que, en puesto de ir a trabajar a las tierras de por parte de los Alamillos, iban a las tierras de por el Puente, pa eso. Pa salir a la camioneta y venirse con el Frutos.

SEÑOR FAUSTINO.– Güeno está..., pero a ver si entre unos y otros arman barullo, que yo conozco a mi chico, y se sobresalta la Petra y ya veremos, que hay que ver lo atropellaos que son.

LA MICAELA.– Qué va.

EL CABO.– Lo que es si además se entera de la noticia, que tiene que enterarse, malo será que no se suban por las paredes.

SEÑOR FAUSTINO.– ¿La noticia? ¿Qué noticia?

EL CABO.– ¡La mejor del mundo, señor Faustino! Que la guerra, como si se hubiera acabao. Que el ejército nacional y liberador, ¡vamos!, la guardia civil, aunque le esté a uno mal el decirlo, se ha hecho el amo, como no tenía más remedio, y que Madrid, pan comido.

LA ROSA.– ¿Madrid?

SEÑOR FAUSTINO.– ¿Madrid? ¿Pero Madrid?

EL CABO.– ¡Madrid! ¡Madrid! ¿Pues qué se creían esos desgraciados? Madrid se toma cuando se quiere y ná más, que ya lo dijo quien lo tenía que decir.

SEÑOR FAUSTINO.– ¡Pues a ver ahora, los que decían que Madrid que no puede ser!

EL CABO.– ¿Y qué quié usté que digan? ¡Ná! ¡Mia ellos qué saben!

SEÑOR FAUSTINO.– ¿Pero entonces?... ¡Toma! ¡Que a lo mejor por eso viene el Frutos! ¡Y quién te dice a ti que no viene el Galo también, Caela! Bendito sea Dios.

LA MICAELA.– Como que eso le decía yo enantes al Bernabé, no ¿verdá?

EL CABO.– Verdá.

SEÑOR FAUSTINO.– ¡Y mia tú que no podérselo decir uno a la Petra!...

EL CABO.– ¿Pero y eso por qué? Si fuese una cosa mala, entoavía. Amos, andai, vosotros también...

LA ROSA.– Ni mala ni buena, que bien que nos lo tiene dicho don Venancio el médico. Que igual puede matarla una alegría que un disgusto. ¡Y cuando él lo dice, él sabrá su por qué!

EL CABO.– ¡Los médicos! ¡Mia tú qué saben los médicos! Y entoavía si fuera un médico militar. Pero uno de pueblo.

SEÑOR FAUSTINO.– Pué que no sepan, pero hay que hacer lo que dicen.

EL CABO.– Bueno, pero y cuando llegue el Frutos, ¿qué?

SEÑOR FAUSTINO.– Tóo está pensao, Bernabé. Y que Dios nos ayude pa que nos salga como es debido. Con tal de que no armen bulla cuando lleguen, que es lo que me temo yo, y la despierten y le oiga y lo echen tóo a perder... Porque es el Frutos, ya sabes tú, que tiembla de risa y que hasta se le saltan las lágrimas.

EL CABO.– ¡Digo! ¡Menudo es! Y que cualquiera lo para...

Poco a poco, lentamente y con la cabeza baja, van apareciendo en la calle frente a la puerta algunos mozos. Son los amigos del Frutos. Llegan en silencio. Abatidos. Se advierte que no se determinan a entrar. Están todos vueltos hacia el lugar de la calle por donde Frutos llega. El señor Faustino lo ve. Y los habla, ajeno a toda sospecha de lo que ocurre.

SEÑOR FAUSTINO.– ¿Ande vais vosotros con esa cara tan compungida, chicos? Apuesto venís a ver al Frutos, ¿no? Pues no ha llegado entoavía. Pero digo yo que ya no pué tardar por muy retrasá que venga hoy la camioneta.

Los mozos callan. No se mueven.

EL CABO.– ¿Pero qué pasa?

UNO.– Eso... Aquí el Frutos... ¡Ná!

Todos sospechan algo terrible. El Cabo ha salido al zaguán y luego a la calle, ha visto al Frutos. Regresa. Cuando el señor Faustino y Rosa y Micaela se precipitan al encuentro del Frutos, el Cabo se interpone entre ellos y los mozos con los brazos extendidos. Cejijunto. Desconcertado.

SEÑOR FAUSTINO.– ¡Qué! ¿Qué? Chico ¡Hijo mío! ¡Hijo mío! ¡Frutos! ¡Déjame tú, Bernabé!

LA ROSA.– ¡Frutos!

LA MICAELA.– ¡Frutos!

UN MOZO.– Viene ahí con el Gurriato.

OTRO MOZO.– Y con el Fanegas.

UN MOZO.– Los dos lo traen.

OTRO MOZO.– Como uno no sabía...
SEÑOR FAUSTINO.– ¿No sabías qué?

El grupo de mozos ha ido espesándose a tal punto que oculta a Frutos cuando llega. Al fin el Gurriato y el Fanegas separan a los mozos y avanzan con Frutos. Le conducen y guían, como lazarillos suyos, porque en efecto Frutos está ciego. Él, con la cabeza echada hacia atrás y una sonrisa amarga, en tacto del vacío con una mano extendida. La otra se apoya en su bastón blanco. El señor Faustino corre hacia su hijo. Lo abraza. Llora. Micaela se desploma en una silla, Rosa cubre al Cabo con una mirada implacablemente rencorosa. El Cabo se ajusta la correa. Está desconcertado.

EL FRUTOS.– ¡Padre! ¡Padre!
SEÑOR FAUSTINO.– ¡Hijo mío! ¡Hijo! ¡Frutos!
LA MICAELA.– ¡Ay, señor!
EL CABO.– ¿Eh? Ahí tenéis. Eso es lo que hacen los rojos. ¡Ciego! Pa que luego digan que...
EL FRUTOS.– No se ponga usté así, padre, qué se le va hacer. ¿Pero es que no se lo han mandado a decir? No llore usté, padre, que las lágrimas queman los ojos, que yo lo sé porque he llorao mucho y no hay prenda como la vista... y aunque no le veo de llorar, siento en las manos las lágrimas, que caen. ¿Y madre? ¿Dónde está madre?

Un gran silencio. Un profundo silencio. Nadie acierta a responder a la pregunta del Frutos. Al fin se resuelve el señor Faustino, que con un índice sobre los labios impone a todos aquel silencio.

SEÑOR FAUSTINO.– Madre está malucha. Y hoy no he querido yo que se levante. Ahora te llevaremos. Yo te llevaré.

Rosa se ha aproximado a Frutos, le toma la mano. Le besa.

LA ROSA.– Frutos, ¿me sientes? Soy la Rosa.
EL FRUTOS.– ¡Rosa! ¡Ven p'acá. hermana! ¡Abrázame, chica! Oye... Al oído, ¿y el Millán, Rosa?
LA ROSA.– El Millán, Frutos... El Millán...

El señor Faustino indica a Rosa que se calle. Rosa se desprende de Frutos y se desploma en una silla. Vuelve a mirar rencorosamente al Cabo y llora en silencio, luego empuja a la Micaela hacia Frutos.

LA MICAELA.– ¡Que también yo quiero abrazarte, Frutos! ¡Ay pobre!

EL FRUTOS.– ¡Hola, Caela! ¡Ven p'acá, chica! ¿Y anda por ahí mi hermano también? ¡Vicente! ¡Oye, Vicente!

Micaela se desprende de Frutos y se une a Rosa y la abraza y lloran juntas.

SEÑOR FAUSTINO.– Tu hermano no está aquí, Frutos. Ya te diré yo...

EL CABO.– Los rojos, que lo cogieron y que no lo sueltan, y sabe Dios. Y los rusos que andan con ellos y que son los peores, que si no fuera por los rusos, se había acabado todo antes y con antes. Venga esa mano, chico, y a ser fuerte, que después de todo peor es perder la vida y la han perdido muchos, con que...

EL FRUTOS.– Hombre, usté es el cabo, que bien que le conozco en la voz, ¿no, verdá?

El Cabo estrecha las manos a Frutos efusivamente.

EL CABO.– El cabo Bernabé.

SEÑOR FAUSTINO.– ¿Peor perder la vida? Yo no sé... Peor...

EL GURRIATO.– ¡Frutos! ¡Galán!

EL FANEGAS.– Frutos, maldita sea, hombre. Y usté disimule, señor Faustino.

EL FRUTOS.– Ya no podemos ir a codornices, con aquí el Fanegas, chico, y qué se le va a hacer.

EL FANEGAS.– ¡A codornices!...

EL GURRIATO.– ¿Te acuerdas, Frutos?

Hablan a la vez el Gurriato y el Fanegas y aún algunos otros amigos del Frutos. Al señor Faustino, y bien se advierte, le inquieta la posibilidad de que oiga aquello la Petra. Y resuelve poner fin al recibimiento que han hecho los mozos a Frutos.

SEÑOR FAUSTINO.– ¡Ea! Ya está bien. Que sin querer armáis barullo y no hay más remedio que ya me haga cargo yo, pero si se despierta la señora Petra, que está descansando, pues a lo mejor...

EL CABO.– ¡Ná! Pues eso. ¡Hale! ¡Hale!

LA MICAELA.– Bendito sea el poder de Dios...

SEÑOR FAUSTINO.– Chitss... Con cuidao...

Se han callado todos. Cuchichean algunos. Pero se imponen los unos a los otros. Y así se despiden de Frutos, abrazándole. El señor Faustino cierra la puerta. El cabo principia a hablar en voz alta. El señor Faustino se lo hace advertir. El cabo continúa hablando de un modo apenas perceptible. Pero en el transcurso de la escena van las voces recobrando poco a poco su tono natural.

EL CABO.– ¡Pa luego!...

SEÑOR FAUSTINO.– Chitss...

EL CABO.– Pa que luego digan si hace uno o deja de hacer. Cuando se ven cosas así piensa uno que no se ha hecho ná entoavía en comparanza con lo que hay que hacer. Es que ni un rojo hay que quedar. Ni las raíces. ¡De cuajo, concho!

LA MICAELA.– Lo mismo que dirán los otros si a mano viene.

SEÑOR FAUSTINO.– Ven p'acá. hijo... Ven...

EL FRUTOS.– ¡Ni rojos ni ná! ¡Mala suerte de uno, que la guerra es así! Un morterazo que cae y que lo mismo te deja ciego que te deja lisiao, que te mata. Y ná más.

SEÑOR FAUSTINO.– ¡Señor! ¡Señor! Ven p'acá, Rosa. Y tú, Caela, que también... Pues, fuera parte de mi hija, dos hijos tengo, de ellos dispone la voluntad de Dios, que por Dios y por España ha estao este donde ha estao, y el otro donde está. Y bendito sea que uno es español y buen cristiano por encima de tóos los martirios, como esto de ver a un hijo ciego, que un dolor más grande que el que le quitaría a uno el sentido si a uno mismo lo clavaran unos puñales en los ojos, y todo eso por amor de Dios que pasó por nosotros Nuestro Señor Jesucristo, y bendito y alabado sea el Santísimo Sacramento del altar y que Nuestro Señor nos socorra a todos y no nos deje caer en la tentación y danos fuerza, que nos son menester.

El señor Faustino ha hecho un gran esfuerzo para conservar una serenidad imposible. Llora suavemente. Fluyen de sus ojos las lágrimas de un modo dulce. La Rosa y la Micaela se las enjuagan. Al fin, se deja caer en la silla. Impone a todos silencio con el dedo índice sobre los labios.

EL CABO.– Usté es un hombre, señor Faustino. Así se hace. Y que aprendan.

SEÑOR FAUSTINO.– ¿Se han ido todos ya?

LA ROSA.– Todos.

EL FRUTOS.– Pero, ¿y madre?

SEÑOR FAUSTINO.– Madre... Mira, Frutos, hijo... Madre está muy malita la pobre. Y como al fin y al cabo lo tienes que saber...

LA MICAELA.– Acostá desde hace tiempo.

LA ROSA.– Acostá es un decir, que no pué echarse, que en cuanto se echa, pues se ahoga la infeliz.

LA MICAELA.– Encamá. No pué echarse pero encamá.

EL FRUTOS.– También es cosa...

SEÑOR FAUSTINO.– Una perdición, que don Venancio el médico ya nos le tié dicho, que hay que andar con cien ojos, por cualquier cosa se pué acabar con ella.

EL FRUTOS.– ¿Y eso como pué ser, padre?

SEÑOR FAUSTINO.– Pues así. Que lo mismo la mata una alegría que un disgusto. Con que tú verás.

EL FRUTOS.– ¿Pero es que una alegría pué matar a nadie? ¡Amos!

LA ROSA.– Pues don Venancio lo dice...

LA MICAELA.– Y quién lo va a saber si no es el médico...

EL FRUTOS.– Pero entonces... Pero entonces cuando madre me vea... Cuando madre me vea... Cuando madre me vea...

SEÑOR FAUSTINO.– Pues eso...

LA ROSA.– Ay, señor.

SEÑOR FAUSTINO.– Conformidá y ná más que conformidá, hijos. Qué sabe uno de ná y cuando Dios lo hace...

EL CABO.– Pues que a lo mejor, ya ha caído Madrid. Y que ya no hay República ni ná, como debe ser. Dios y Guardia Civil, que es como quien dice España. Y que la gente está contenta porque, ¡a ver! Y que gritan y que cantan porque algo tién que hacer.

LA ROSA.– ¡Que algo tién que hacer! Si no hacen más que eso..., pero a lo mejor no paran ahí...

EL FRUTOS.– ¿Que Madrid?... ¡Cá! No será eso.
LA MICAELA.– Pues a lo mejor viene mi Galo también, digo yo...
SEÑOR FAUSTINO.– Hombre, si es que ha caído Madrid, se ha acabao la guerra. Y si se ha acabao la guerra, claro que vendrá. Pero, ¿ande vas tú, Frutos?

Frutos hace unos momentos que ha echado a andar. Se dirige tanteando con la mano a su bastón, hacia las puertas de las habitaciones donde está la señora Petra.

EL FRUTOS.– Ande, madre. Llévame tú, Rosa. ¡Madre! ¡Madre!

Ha llegado junto a la puerta. El señor Frutos se levanta, va hacia su hijo. Le tapa la boca con las manos.

SEÑOR FAUSTINO.– ¡Calla, Frutos! ¡Cállate, hijo, que no te oiga, que la matas!
LA ROSA.– ¡Frutos!
LA MICAELA.– ¡Chico!
EL CABO.– ¡Dejadlo!
SEÑOR FAUSTINO.– ¡No!
EL FRUTOS.– ¡Padre! Que a lo mejor me ve y se pone buena, que ha pasao... lleváime con ella. Usté, padre. Tú, Rosa, Caela.

Nadie se le aproxima. Pero aquel aislamiento le excita más.

EL FRUTOS.– ¿Dónde esta usté, padre? ¿Dónde estáis vosotras? ¿Por qué ya nadie me coge las manos? ¡Madre! ¡Madre!
SEÑOR FAUSTINO.– ¡Calla!
EL FRUTOS.– ¡Madre!
LA MICAELA.– ¿No tiés miedo, Rosa?
LA ROSA.– Ay, Caela.
EL CABO.– Ná. ¡Si no pasa ná!
EL FRUTOS.– ¡Madre!

Solo, ya muy próximo a la puerta, mira alto al vacío con sus ojos muertos. Se hace un silencio profundo. Lo desgarra la voz de la Petra dentro, que es como un grito terrible. Todos se estremecen. Y gritan también con gritos muy breves, que son lamentos. La voz de su madre despierta en Frutos una ancha sonrisa.

LA PETRA.– ¡Hijo! Hijo mío!
EL FRUTOS.– ¡Madre!
LA PETRA.– ¡Hijo, ven! ¡Ven! 'Hijo, ven!
EL FRUTOS.– ¡Voy, madre! ¡Voy, madre! ¡Voy, madre!

Tanteando, alta la cabeza, avanza hacia la habitación. Le sirve de guía la voz de la madre. El señor Faustino se ha derrumbado en una silla. La Rosa sigue a su hermano. La Micaela llora apoyada a la puerta de la calle, escuchan las voces y los cánticos cada vez más densos. Frutos entra al fin en la habitación de su madre.

SEÑOR FAUSTINO.– ¡Que Dios tenga piedad de nosotros!
LA ROSA.– ¡Dios!...
LA MICAELA.– Callai...

Todos escuchan. En el fondo del silencio de la habitación se alza al fin la voz de Frutos. Desgarradora. Desesperada, que grita dentro.

EL FRUTOS.– ¡Padre! ¡Rosa! ¡Padre! ¡Caela! Correi! ¡Madre! ¡Madre! ¡Madre!

El señor Faustino corre tambaleándose hacia la puerta. Pero Rosa, con los brazos abiertos en cruz, obstaculiza la entrada a su padre.

LA ROSA.– ¡No! ¡Usté no, padre! Ya voy yo. Yo, que soy joven. ¡Yo que soy fuerte! Yo, que soy su hija.
LA MICAELA.– ¡Rosa!
LA ROSA.– Tu aquí con padre.

El cabo se obstina en no dar importancia a lo que sucede. Lo que él supone que ocurre en la calle, le inflama y excita en cambio. Y lo atrae.

EL CABO.– Ná. El aquel de verlo ciego. ¡Lo que tié que ser, señor! Pero ná. Verá usté como ná.
SEÑOR FAUSTINO.– ¡Bendito sea Dios! ¡Bendito sea Dios!

De la calle llega de modo más concreto lo que sucede. En efecto, una manifestación. Las estrofas del himno de Falange, que empezaban a oírse a trozos, se unifican y estallan. Sobre todos ellos es perceptible y claro el ver: Que en España empieza a amanecer. El Cabo se sale a la puerta de la calle. Sonríe. Contempla desde lejos a los que desfilan, puesto en jarras.

EL CABO.– ¿Oye usté? ¿Oyes tú? Esos son los cabales. Ahí va Marcos el de la abacería. Y los otros. La buena gente. ¿Oyen ustés? Que en España empieza a amanecer. Lo de Madrid.

LA MICAELA.– ¡Callai! ¡Callaisus! Usté, con ellos. Nosotros, aquí. ¡Solos!

El Cabo se ha salido a la calle. La Micaela cierra la puerta. Apoya en ella las espaldas y extiende los brazos.

LA MICAELA.– ¡Que empieza a amanecer! ¡Y qué les importa a los ciegos y a los que han perdido la vida, y a los que no vuelven! ¡Que empieza a amanecer! ¿Pa quiénes? ¡Pa nosotros no, padre! ¡Que empieza a amanecer! ¡Que empieza a amanecer!

CAE EL TELÓN

ACTO SEGUNDO

Antes de levantar el telón y después de extinguidas todas las luces del teatro, doblan, tocando a muertos, unas campanas en el fondo de las tinieblas.

Luego se alza el telón.

Estamos en el mismo lugar de la acción del acto anterior.

El gran montón de leña que arde bajo la campana del hogar es la única expresión visible de vida. Después de unos instantes de silencio y de soledad que llenan de angustia los toques fúnebres de las campanas, abre el señor Faustino la puerta de la casa, desde la calle. Entran en la casa solemnemente. Le rodean la Rosa, la Micaela y el Frutos, con su bastón, que va del brazo de su hermana. Los siguen un grupo de hombres con el Gurriato y el Fanegas y otro de mujeres. Los hombres, con sus grandes capas pardas. Las mujeres, con sus mantillas sayaguesas. El señor Faustino se sienta rodeado de sus hijos, que permanecen en pie. Los grupos se quedan junto a la puerta del zaguán. A un lado los hombres. A otro lado las mujeres.

SEÑOR FAUSTINO.– Arrimarsus a la lumbre, hijos... Tú, Frutos...

EL FRUTOS.– ¿Se ha sentado, padre? Que hay que descansar.

SEÑOR FAUSTINO.– ¡Déjate! Descansar se descansa siempre, cuando menos lo espera uno.

LA MICAELA.– Entrai, que ahí fuera hace frío.

Entre las mujeres está la madre del Millán encarnizadamente enlutada. No deja de llorar ni un solo instante. Se enjuga y cubre los ojos y la boca con las manos, con el pañuelo, con las puntas del delantal. Todos la miran emocionados y compasivos. La Rosa se aproxima a ella. La toma de los hombros. La sienta a su lado. La madre del Millán se deja conducir por la Rosa, siempre llorando en silencio.

LA ROSA.– No llore usté, que a mí también me se cae el alma y tengo los ojos secos, como dos espartos. No llore usté, que habrá por ahí quien se alegre mucho de saber, que no ha acabao usté de llorar entoavía. Como que usté no ha debido de venir, que ya sé yo qué es pasar por esa puerta, que paece que no se va de ahí su sombra.

LA MICAELA.– ¡Ay, señor, que esto ya no es vida!

EL FRUTOS.– Y eso, que no sabéis… Si hubierais visto lo que he visto yo… Y ahora ya, ¿pa qué le sirve a uno la juventú?

LA ROSA.– Pa vivir, Frutos. Y la vida es la vida.

EL FRUTOS.– ¡La vida! Pues si la vida es esto…

SEÑOR FAUSTINO.– La vida de aquí abajo, que luego hay la otra que es la que vale, Frutos, que allá encontraremos todo lo que perdemos aquí. Tus ojos, la madre.

Pausa corta. Mira a la madre del Millán.

Tu hijo.

LA ROSA.– Eso será. Pero es que hay veces que no sabe una, porque si se piensa…

LA MICAELA.– Eso.

SEÑOR FAUSTINO.– Pues no se piensa pa no pensar mal, que no hay cosa peor que los malos pensamientos y Dios es quien sabe lo que nos conviene y bendito sea Dios.

UNA MUJER.– Amén.

OTRA MUJER.– ¡Ay, la pobre de la Petra, y quién lo había de decir!

UNA MUJER.– ¡Con aquella salú que siempre tuvo!

OTRA MUJER.– ¡Era una rosa!

UNA MUJER.– Y lo que trabajó en esta vida. que no hubo mujer más de su casa.

OTRA.– Ni más esclava de sus hijos y de su marido y de sus obligaciones.

OTRA.– Y siempre como los chorros del oro.

OTRA.– Y tan buena cristiana que en el cielo estará.

Todas las mujeres afirman, con movimientos de cabeza, lo que dicen aquellas dos en un tono de rezo que confirman con un «Amén».

SEÑOR FAUSTINO.– No somos ná.
EL CURA.– Ná.
EL FANEGAS.– ¡No somos ná!
EL GURRIATO.– Calzá y vestía tié que haber subido a la Gloria.
UN HOMBRE.– ¡Lo que la pobre tié trabajao en este mundo!
OTRO.– Sus hijos..., su marío..., su casa...
OTRO.– ¡Que no semos ná!
EL FANEGAS.– Ná.

Lo mismo que hicieron las mujeres afirmaban todos los hombres con movimientos de cabeza. Y también sus palabras parecen un rezo.

EL FRUTOS.– Y que madre no hay más que una. Y que la que le mató fue mi ceguera y esto ya, pues que clavao en el pecho pa toa la vía.
SEÑOR FAUSTINO.– Cá uno tié su cruz.

Las campanas vuelven a doblar. Dan la sensación de que también quieren unirse a las palabras de los hombres y las mujeres. Todos callan y escuchan. Los hombres inclinan la cabeza sobre el pecho. Las mujeres rodean a la madre del Millán, que sigue vertiendo un llanto silencioso, junto a Rosa. La Micaela está sentada en una silla baja. Dejan al fin de doblar las campanas. En silencio cuchichean entre sí los hombres y las mujeres. Y se colocan en fila para desfilar ante el señor Faustino. Solo la madre del Millán permanece en su sitio.

UN HOMBRE.– Pues ná... Salú pá encomendarla a Dios, señor Faustino. Y ná...
SEÑOR FAUSTINO.– Se estima, hombre.
EL FANEGAS.– Conformidá, señor Faustino, y a mandar.
SEÑOR FAUSTINO.– ¡Qué se le va a hacer!
EL GURRIATO.– Eso y que tóo sea por Dios.
SEÑOR FAUSTINO.– Arrea p'al puente con el carro, que ya voy yo.
EL GURRIATO.– Usted manda, señor Faustino.

Desfilan todos los demás hombres estrechando la mano del señor Faustino con gesto de condolencia. Se van. Las mujeres principian a despedirse de Rosa y de la Micaela.

UNA MUJER.– Que Dios Nuestro Señor la dé lo que se merece, que era una santa.

OTRA.– A tóos nos llegan nuestra hora, que pa eso nace una y no sirve darle vueltas...

OTRA.– ¡Que Dios la tenga en su santa Gloria!

Después de la última que desfila, la madre del Millán se pone en pie y trata de aproximarse a su vez al señor Faustino. Pero entonces se acentúa su llanto y su dolor a tal punto que la tienen que sostener otras mujeres. La Rosa la toma de las manos y la besa.

SEÑOR FAUSTINO.– Anda, mujer, anda... ¡Ea! Tranquilízate un poco, Moncha. Hay que serenarse. ¿No me ves a mí? Hay que ofrecer a Dios nuestros dolores, que al fin y al cabo él nos los envía y la vida es así, Moncha.

LA ROSA.– Cuando es Dios quien dispone las cosas, bueno va. Que sea lo que Dios quiera. Pero los hay que mueren sin que sea Dios quien lo dispone sino los demonios. ¡Y a esos no acaba uno de llorarlos tóa la vía!

La Rosa ha acompañado a la madre del Millán hasta la calle. Al llegar a la puerta, la madre del Millán se abraza a Rosa y es aún más copioso su llanto. Las mujeres en la calle se cambian señas y se indican el sitio en el que Millán cayó muerto. En silencio entrega Rosa a las mujeres a la madre del Millán. La acompañan todas. La Rosa, apoyada en el quicio de la puerta, mira cómo van alejándose.

SEÑOR FAUSTINO.– Cierra la puerta, Rosa. Que no va a quedarse así de par en par, en un día como éste.

Rosa cierra la puerta. Luego, regresa junto a su padre, junto a Micaela y junto a Frutos.

SEÑOR FAUSTINO.– Y a fe que, con la puerta cerrada, parece que se respira mal. Y que se pone uno fuera del mundo. Pero qué se le va a hacer...

EL FRUTOS.– Las cosas son las cosas y qué se le va a hacer.

LA MICAELA.– Se queda uno a obscuras. Como enterraos. Y eso está bien, que medio muertos estamos tóos.

LA ROSA.– Más muertos que los muertos.

SEÑOR FAUSTINO.– Pues muertos y tóo, hay que vivir. Y a la tierra del puente me voy, que ya está allí el Gurriato y hay que labrar, la vida es la vida. Y cuidar la tierra pa que viva también. El Gurriato trabaja lo que trabajabas tú, Frutos, hijo.

EL FRUTOS.– Ya me lo ha dicho él. Y el Fanegas lo del Galo. Ya me lo han dicho ellos.

SEÑOR FAUSTINO.– Y yo el mío. Y cuando el Galo vuelva, pues él y yo solos ya nos arreglaremos.

LA MICAELA.– ¡Cuando él vuelva! ¡Cuando el Galo vuelva! ¡Ay, ojalá Dios!

LA ROSA.– ¿Por qué no te echas un poco pa que descabeces una miaja, mujer, que hay que ver cómo trajinas?

LA MICAELA.– Y si no hace una las cosas, quién va a hacerlas. ¿Es que tú paras? Pues tú no paras tampoco. ¿Es que yo no soy joven como tú? Pues claro que lo soy. Con que a ver…

LA ROSA.– Pero yo…

LA MICAELA.– ¡Hale! Me voy a lavar, que mete miedo lo que hay en la artesa. ¿Y sabes tú lo que deberías hacer? Pues acercarte ca la viuda, la madre del Millán, y acompañarla un ratote, que buena falta le hace a la pobre, que se va a morir de pena y solo contigo se tranquiliza un poco.

SEÑOR FAUSTINO.– Eso sí. Anda y alárgate, y sal de esta sepultura aunque vayas a otra. Ca la Moncha está tóo cerrao y paece que no va a abrirse más nunca.

LA ROSA.– Pues sí que voy a alargarme una miaja, que iba muerta y como se ha quedao tan sola…

El señor Faustino ha entrado un momento a dejar su capa. Vuelve a salir enseguida. Se dispone a salir con Rosa.

SEÑOR FAUSTINO.– ¡Pues, hale! Amos chica, abre.

Rosa abre la puerta de la calle. Aparece una pareja de la Guardia Civil, que acaba de dar un aldabonazo. Rosa, al verlos, retrocede, inexplicablemente asustada.

LA ROSA.– ¡Ay, padre!
UN GUARDIA CIVIL.–Buenos días.
SEÑOR FAUSTINO.– ¿Tú por qué te asustas, Rosa?... Buenos días.
EL FRUTOS.– ¿Quién es?
LA MICAELA.– La pareja.
LA ROSA.– ¡Los civiles! ¡Los civiles!
EL FRUTOS.– ¡Ah!...
SEÑOR FAUSTINO.– Entren ustedes. Y ustedes dirán.
UN GUARDIA CIVIL.–El cabo, que nos manda a decir a usté que usté disimule que no haiga ido a la iglesia, por el aquél del servicio, y que salú pa encomendarle a Dios y que luego vendrá...
OTRO GUARDIA CIVIL.–Lo que sucede que pasando lo que pasa...
EL FRUTOS.– ¿Y qué es lo que pasa?
SEÑOR FAUSTINO.– Dice mi hijo que qué es lo que pasa.
OTRO GUARDIA CIVIL.–Lo de Barcelona. Que dicen que ya cayó Barcelona.
UN GUARDIA CIVIL.–Dicen. Ahora, que será verdá o no será verdá.
OTRO GUARDIA CIVIL.–¡Pues no ha de ser verdá!
UN GUARDIA CIVIL.–¡Hombre! ¡Eso a saber, que acuérdense ustedes de lo de Madrid, que también entonces se dijo y luego ná!
SEÑOR FAUSTINO.– Lo que tié que pasar, pasa lo que Dios quiera, y Dios tié que querer que esto se acabe, que ya es demasiao.
OTRO GUARDIA CIVIL.–Eso y ná más.
UN GUARDIA CIVIL.–Con que... Que haiga salú y hasta otra.
OTRO GUARDIA CIVIL.–Buenos días.
SEÑOR FAUSTINO.– Vayan ustedes con Dios.

Se van los dos guardias civiles, queda la puerta abierta.

LA MICAELA.– Entós... Entós, ¿eso de Barcelona será que se acaba la guerra, no?
LA ROSA.– ¡Que se acaba la guerra!... Pa los que tóo lo han perdio ya se acabó la guerra cuando ya no tienen qué perder.
EL FRUTOS.– Pero siempre habrá quién entoavía no lo ha perdido todo.
SEÑOR FAUSTINO.– ¡Hala! Cá uno a lo suyo. Tú, Rosa, ca la Moncha la viuda. A lo que sea. Yo, al campo. Lo cual que bien pinta la cebá hogaño. Y tú, Frutos, hijo... Alguien vendrá a hacer una miaja de compañía a ti y a la Caela.
LA ROSA.– Si está el pueblo que paece un camposanto. Ni a la puerta de la calle hay quien se asome.

EL FRUTOS.– Yo no estoy nunca solo. Como hoy no puedo mirar pa fuera, miro pa dentro. Y dentro de uno siempre hay alguén.

SEÑOR FAUSTINO.– ¡Válgame Dios!

LA ROSA.– Ea. Diquia luego.

SEÑOR FAUSTINO.– Vamos allá... Cierra tú, Caela.

LA MICAELA.– Hale...

Se han ido el señor Faustino y la Rosa. La Caela cierra la puerta, dejándola entornada. Luego regresa junto al Frutos.

EL FRUTOS.– ¿Has cerrao ya, Caela?

LA MICAELA.– Entornao ná más. Así, si viene alguien, con que empuje...

EL FRUTOS.– Eso. Tú anda a tus cosas, Caela.

LA MICAELA.– Si te hago falta, con darme una voz...

EL FRUTOS.– Bien. Bueno.

Se va la Micaela al patio a lavar. Frutos permanece en su sillón de enea, inmóvil como una estatua. En aquel gran silencio del zaguán vuelve a oírse el doblar de las campanas. Frutos saca un pañuelo y se enjuga los ojos. Cesan las campanas de doblar. Vuelve a hacerse el silencio. Hay una pausa. Después alguien trata de abrir la puerta de la calle, con prisa, torpemente. La abre al fin. Entra Galo... No acierta a orientarse en las sombras de la casa. Al Frutos, sentado de espaldas a la puerta, no le ve el Galo al entrar. A la Micaela se la descubre en el corral alguna vez a través de la ventana de junto al hogar. El Galo, desorientado y confuso, y como apresado por aquel silencio y por aquella obscuridad, grita:

EL GALO.– ¡Madre! ¡Madre!

Al Frutos le confunde aquella voz. Le desorienta. Le deslumbra íntimamente. Con gran trabajo se pone en pie. Pero naturalmente no puede orientarse venciendo la tiranía de su ceguera. Vacila. Extiende los brazos. Va a gritar, pero le ahoga el grito de un sollozo. El Galo entra tan vitalmente y tan desorientado que no advierte a su hermano, que se ha dejado caer en el sillón y se cubre con las manos los ojos y la boca. El Galo viene destrozado, cubierto de polvo. Grita otra vez:

EL GALO.– ¡Madre!

El Frutos hace un gran esfuerzo para llamar a su hermano. Lo logra al fin. Pero sigue ocultándolo a los ojos de él, el respaldo del sillón.

EL FRUTOS.– ¡Galo!
EL GALO.– ¡Frutos! ¡Eres tú, no, verdá? ¡Ven! ¡Ven!
EL FRUTOS.– No puedo, yo no puedo...
EL GALO.– ¡Hermano!
EL FRUTOS.– Ven tú...

El Galo descubre a su hermano al fin. Va hacia él. Se abrazan largamente. El Galo se desprende de los brazos de Frutos.

EL GALO.– ¡Soy yo, Frutos! Mírame, hermano.
EL FRUTOS.– Mírame tú. Tú, que me puedes mirar...
EL GALO.– ¡Ay Dios!
EL FRUTOS.– ¡Ay!...

El Frutos tiene los ojos abiertos y cubiertos de lágrimas y fijos en su muerte. El Galo descubre entonces la terrible verdad. Da un grito. Toma a Frutos la cabeza con las manos. Le clava sus miradas en los ojos.

EL GALO.– ¿Ciego? ¿Estás ciego, Frutos?

Frutos sonríe con una gran amargura. Acaricia con sus manos las de su hermano Se las pasa por la cara y por la cabeza y por el pecho, como reconociéndole así.

EL FRUTOS.– Las cosas de la guerra... Me llevaron al servicio, ¿sabes, Galo? Y a la guerra. Y allí se quedaron mis ojos.
EL GALO.– Maldita sea la guerra y quien nos la trajo, y maldito sea el mundo.
EL FRUTOS.– ¿Y tú, Galo? Como no te veo... Pero ya me figuro lo que habrás pasado... y cómo estarás...
EL GALO.– Vivo, que ya es. Y no estoy ciego, como tú, ni tan siquiera lisiado como otros. Pero, ¿y padre? ¿Y la Rosa? ¿Y la Caela? ¿Y madre? ¿Por qué te han dejado solo? ¿Qué pasa? Yo quiero ver a madre. ¡Madre!

EL FRUTOS.– Cállate, Galo. Verás. Ahora te diré yo...

Vuelven a doblar las campanas. El Frutos hunde la cabeza en el pecho de su hermano. Llora.

EL GALO.– ¿Por qué lloras, Frutos? ¡Ay, madre! Es que lloras por... ¿por qué Frutos?... ¡Di! ¡Madre! ¡Madre!

Siguen doblando las campanas.

EL FRUTOS.– Sí, Galo, sí... ¿Oyes? Doblan a muertos las campanas... ¿Ves? Si parece que te responden ellas.

EL GALO.– ¡Ay, madre mía! ¡Ay, madre! ¡Ay, madrecita de mi alma!

EL FRUTOS.– Fue la semana pasá. Cuando me sacaron del hospital y me trajeron y me vio así. El corazón le dio un estallío. Don Venancio, el médico, había mandao que no se la anduviese con ningún aquél de no dejarla tranquila, porque lo mejor que podía pasar..., ¡que podía pasar lo que pasó, Galo! Pero es que lo que está de Dios que pase, pasa, y no sirve darle vueltas. Como si vive y te ve a ti ahora, aunque tú no te haigas quedao ciego... Y que así me vio... Así que me vio...

EL GALO.– Ay, que más le habría valido a uno que lo hubiesen afusilado pa acabar de una vez, sobre que quién sabe si al fin y al cabo lo afusilaran a uno, los unos o los otros, que tóo pué ser y está pasando tóos los días, que mentira parece...

EL FRUTOS.– Pues tú verás, de que llegue padre, y la Rosa y de que salga la Caela, que por ahí dentro anda.

EL GALO.– ¿Dónde? ¿Dónde?

EL FRUTOS.– En el corral. Lavando. La Rosa se alargó ca la viuda, que ya te dirá ella. Padre está en el campo.

EL GALO.– ¡Caela! ¡Caela! Ay, Frutos, que se vuelve uno loco porque es que dan ganas de llorar y de reír. ¡Caela! Y no sabes si estás en el mundo o en el infierno... ¡Caela!

LA MICAELA.– ¡Qué! Pero...

La Micaela se asoma a la ventana que da al corral. Ve al Galo. Da un grito, Corre a unirse a él.

EL GALO.– ¡O en la gloria!

Llega la Micaela, secándose las manos con el delantal. El Galo corre a su encuentro. Y la Micaela al de su marido. Se besan, se abrazan frenéticamente. No aciertan a hablar. El Frutos, en pie, junto a un sillón, sonríe y llora.

EL GALO.– ¡Caela, chica! ¡Caela!...

LA MICAELA.– ¡Mi Galo! Mi alma.

Confunden sus lágrimas y sus sollozos y sus medias palabras, expresiones inconcretas como suspiros.

LA MICAELA.– Abrázame así, muy fuerte, que ya no puedas separarte de mí por ná del mundo. ¿Sabes? Y cuando tengas que ir donde sea, pues yo contigo. ¿Oyes? Y ojalá Dios que lo hubiéramos hecho así y no habría pasao lo que ha pasao. ¡Ay cuando te vea padre! ¡Y la Rosa! Porque la Rosa también, la pobre...

EL GALO.– La Rosa, ¿qué?

LA MICAELA.– Ya te dirá ella...

EL GALO.– ¡Ay, Caela!

EL FRUTOS.– También es cosa..., llegar un día como hoy..., y es que todo es así en la vida. Lo bueno y lo malo, y el llorar y el reír...

LA MICAELA.– ¿Y no te has tropezado con nadie del pueblo, tú?...

EL GALO.– Con el Fanegas ná más. Que nos abracemos de que nos vimos y que echó a correr a buscar a tóos.

LA MICAELA.– Pues eso. A padre. A la Rosa.

EL FRUTOS.– Padre, ¿sabes tú?, pues que ha tomao al Fanegas y al Gurriato pa la labor. Como faltábamos nosotros...

EL GALO.– ¡Pues ya estamos aquí, ea!

EL FRUTOS.– Estas tú, Galo, que lo que es yo...

LA MICAELA.– Pero ven acá, zolocho, que vienes hecho una perdición. ¡Trae que te sacuda una miaja, hombre!

EL GALO.– Tú dirás, cómo va a venir uno.

La Micaela le quita al Galo la guerrera. La sacude, le ajusta el cuello de la camisa. Le cose un roto...

EL FRUTOS.– Qué pena no verte, hermano...

EL GALO.– Déjate tú y no pienses en eso ya.

EL FRUTOS.– Pero te veo dentro de mí como eras la mañana que te fuiste pa la villa, que quién iba a decirnos que iba a pasar lo que ha pasao...

EL GALO.– Ná, tú no fuiste y ya ves... Que la guerra es la guerra y ná más.

EL FRUTOS.– Eso.

LA MICAELA.– Ay, chico, que te veo y me parece que estoy soñando. Ay, que todo llega en este mundo, hasta lo que se desea, como dice el refrán. ¡Es que hay que ver qué ropa traes, Galo! ¿Pero y la que llevabas puesta, hombre?

EL FRUTOS.– También la Caela tié unas cosas...

EL GALO.– Tú verás.

Se abre la puerta violentamente. Es Rosa. Desde el portal ve a su hermano. Da un grito. Le abraza. Pero no llora.

LA ROSA.– ¡Galo! ¡Galo!

EL GALO.– ¡Rosa! ¡Chica! ¡Ay, hermana!

LA ROSA.– ¡Lo que hemos pasao y en qué día llegas, Galo! Ya ves... Nuestra casa, ya no parece nuestra casa, que nos falta madre, Galo. Vele ahí al Frutos, con los ojos que ya no le sirven más que pa llorar, y Dios sabe lo que nos espera a tóos, que esto es como el fin del mundo y las noches no se acaban nunca, que cada día parece que no va a amanecer, que no hay más que nubes en el cielo, como si el sol se arropase con ellas pa no ver lo que está pasando.

EL FRUTOS.– ¡Ole! Ni más ni menos.

LA MICAELA.– ¿Has comío tú, chico?

EL GALO.– ¡Hombre, comer!... Lo que se dice comer, sí que he comío. Ahora que ya sabes...

LA MICAELA.– Te calo una sopa. Verás.

LA ROSA.– A ver si se te quita la gana, que ya es tarde.

EL GALO.– ¡Qué va! Ahora, por mucha que se te quite, siempre queda...

EL FRUTOS.– ¡Qué celebre! ¡Siempre queda! Claro que siempre queda.

LA ROSA.– Venga. Verás tú cómo te corto una rebaná.

Toma un pan y un plato. Se sienta. Corta las rebanadas. La Micaela cuida de la lumbre y de las ollas puestas en el hogar.

EL GALO.– Ya tarda padre.
LA MICAELA.– A ver si el Fanegas no da con él.
LA ROSA.– ¡Que sí, mujer!
EL FRUTOS.– Es que al puente hay una güena tirá.
EL GALO.– También me choca a mí que el Millán no haiga venío contigo, Rosa.
LA ROSA.– ¡El Millán!
LA MICAELA.– ¡El Millán!
EL FRUTOS.– ¡El Millán!

Una pausa profunda. Todos se inmovilizan. El Frutos deja de sonreír. La Rosa deja caer las manos con el pan y el cuchillo. La Micaela se sienta pesadamente en una silla que tiene próxima. Un gran silencio. El Frutos y la Micaela se enjugan las lágrimas. Él, con el brazo. Ella, con las puntas del delantal.

LA ROSA.– Como tú no sabes... El Millán...
EL GALO.– ¿Que se lo han llevao? ¿También? Pues ya volverá, chica. Y en cuanto vuelva a casarsus. ¡Y arreglao! ¡Pues anda!
LA ROSA.– No se lo han llevao. Ni volverá. Ni nos casaremos.
EL GALO.– ¡Pero chica!
LA MICAELA.– No volverá...
EL FRUTOS.– ¡Cómo ha de volver!
LA ROSA.– Al Millán lo han matao.
EL FRUTOS.– Lo afusilaron. El paseo...
LA ROSA.– Ahí vino a morir. Arrastrándose. A la misma puerta de la casa, la abrí yo misma. Al amanecer. No se veía ná. Y le pisó una mano. Dentro tengo la alpargata llena de sangre. Y ya ves tú... No lloro. Como cuando se murió madre. Como cuando vino ciego el Frutos. Yo no lloro. A mí las lágrimas se me quedan dentro, que es peor. Hasta que me consuman. Me roen... Me roen..., pero no lloro.
EL GALO.– ¡Dios! ¡Maldita sea, hombre! ¡Mia tú que al Millán!... Es que van a volvernos locos a tóos...

Desde fuera abren violentamente la puerta de la calle, que había quedado entreabierta. Es el señor Faustino. Llega jadeante. Corre hacia el Galo con los brazos abiertos.

SEÑOR FAUSTINO.– ¡Galo! ¡Galo! ¡Hijo!
EL GALO.– ¡Padre!

Se abrazan profundamente. El Frutos y la Micaela lloran. Una pausa. La Rosa, despacio, se dirige a cerrar de nuevo la puerta de la calle, pero la empujan desde fuera. La puerta vuelve a abrirse. Entra Bernabé, el cabo de la Guardia Civil. La Rosa retrocede. Un gesto en su cara expresa como siempre la repulsión inexplicable que la produce aquel hombre. Se coloca junto a Frutos. El cabo sonríe con una afectada benevolencia.

EL CABO.– ¡Hombre, Galo! Buenas y bien venido, hombre!
EL GALO.– Pues aquí estamos ya, Bernabé. Las cosas...
SEÑOR FAUSTINO.– ¡Hale! Ya estamos tóos en casa, gracias a Dios. Tóos los que quedamos. Porque... ya ves lo que ha pasao, hijo...
EL GALO.– Ya...
SEÑOR FAUSTINO.– Pues eso. A trabajar como toda la vida y a vivir en el santo temor de Dios como toda la vida, que cuando Él dispone, pues convendrá, y no sirve darle vueltas.
EL CABO.– Que habla usté como un libro, señor Faustino. A vivir en paz y en gracia de Dios, que es lo que nos estaba haciendo falta hace muchos años. Y pa eso se hace la guerra. Pa vivir en paz.
LA ROSA.– ¡Qué cosas dice ese hombre, Frutos!
EL FRUTOS.– Ya...
EL CABO.– ¿Tú de dónde vienes, Galo? ¿De Madrid?
EL GALO.– ¡De Madrid! De Madrid no sale nadie. ¡Madrid! Pues no es ná Madrid, Madrid no. Lo que anda mal es Cataluña. Eso sí. De que volvieron a pasar el Ebro, la cosa pinta mal pa la República.
EL CABO.– ¿Quiere decirse que ni tan siquiera te has enterao de lo de Barcelona, viniendo como vienes de con los rojos? Pues Barcelona se acabó. Barcelona es nuestra ya, que ayer entraron los buenos, ¡la Guardia Civil, vamos!
LA ROSA.– ¿Y no será eso como lo de Madrid?
EL CABO.– Nuestra, que en el cuartelillo tengo el parte. Y eso de Madrid ya se verá.

Se ha sentado. Saca su petaca y se hace un pitillo. La Micaela sirve en la mesa un plato de sopa a su marido.

LA MICAELA.– ¡Hale! Aquí tienes la sopa. Ven. Que hay que ver cómo estás de escuchimizado, que paece que no pués tenerte.

EL CABO.– Y no podrá. ¡Con el hambre que pasan los rojos, calcula!

SEÑOR FAUSTINO.– Dale tú un vaso de vino, Rosa. Alárgale la jarra, tú, Caela, que ahí está.

EL FRUTOS.– Ahí vino la pareja, cabo, con lo que usté nos mandó a decir.

EL CABO.– Está bien. A la iglesia no pude ir, porque con lo del parte de Barcelona... Pero que me topé aquí con el señor Faustino y con el Fanegas y ¡hale, a ver al Galo!

EL FRUTOS.– ¿Y será ahora verdá lo de Barcelona?

LA ROSA.– A saber...

SEÑOR FAUSTINO.– Hombre, cuando el cabo lo dice...

LA ROSA.– Sí, pero acordarse de lo de Madrid, y del altar que se puso en la plaza pa una misa, y de las banderas del ayuntamiento y luego ná. Con que...

EL GALO.– Yo creo que sí que debe ser verdad, que por eso estoy yo aquí, que desde Castellón vengo.

EL FRUTOS.– ¡Ahí va! De Castellón.

EL GALO.– De Castellón de la Plana. Aquello sí. Llegaron los moros y nos cogieron y... Aquello sí.

EL CABO.– ¡Que se acabó la guerra se ha dicho! Y se acabó la República. Y se acabaron los pillos. ¡Y viva Dios!

SEÑOR FAUSTINO.– Eso, ¡viva Dios!

EL CABO.– ¡Y la Guardia Civil! '¡Y arriba España! Ahora ya las mujeres a la iglesia. Y los hombres al cuartel. Vamos, que cada cosa en su sitio. Y se acabaron los muertos. Y se acabó la sangre. Pero borrón y cuenta nueva, eso sí. Quiero decir que ni lágrimas, ni lutos, ni responsos. Borrón.

LA ROSA.– Eso, borrón.

Doblan de nuevo las campanas. El señor Faustino, como si quisiera indicar que era el toque fúnebre una respuesta al cabo, extiende la mano hacia el lugar de donde llega el tañido. Todos menos la Rosa, inclinan la cabeza. Rosa clava sus miradas en el cabo. La Micaela se enjuga otra vez el llanto con una punta del delantal.

EL CABO.– Ahora quien tiene que arreglar las cuentas a los que se las tengan que arreglar, va a ser el verdugo. Y como aquí tóo dios tiene la conciencia tranquila...

LA ROSA.– Alguno habrá que no. Y vele ahí las campanas, que además de doblar por madre que en gloria esté, parece que doblan por los que mueren sin que se les haiga enterrao como Dios manda, que de tóo hay y bien que lo sabemos.

SEÑOR FAUSTINO.– Eso sí.

EL FRUTOS.– La cuestión es que ahora sea verdá lo que se dice y que se acabe tóo.

EL CABO.– Por acabao, se ha dicho. ¡Y ahora a vivir!

LA ROSA.– ¡A vivir! Y los que están criando yerba por ahí, ¿qué?

EL CABO.– Los buenos, no.

LA MICAELA.– ¿No?

EL CABO.– No. Que los que mueren por Dios y por España, como uno mismo puede morir, son estrellas en el cielo. ¿Es que no lo sabéis? Pues todo el mundo lo sabe.

SEÑOR FAUSTINO.– Estrellas en el cielo, ya lo había oído yo decir.

LA ROSA.– ¡En el cielo!... ¿Y aquí abajo qué?

EL GALO.– ¿Aquí abajo? Pues lo que dicen allá. Estrellas bocamangas.

EL CABO.– ¡Pa matarlos! ¿Qué te parece? En las bocamangas.

La Micaela está ajena a todo y no se ocupa sino de su marido, al que sigue dando de comer.

LA MICAELA.– ¿Quiés más?

EL GALO.– No.

SEÑOR FAUSTINO.– Échate otro trago, hijo.

EL GALO.– Eso, bueno. Allí vino no hay.

LA MICAELA.– Ni aquí. Lo que es que como nosotros no bebemos y estábamos solos y quedaba en casa como un azumbre...

SEÑOR FAUSTINO.– Échale un vaso al cabo, Caela.

EL CABO.– Hombre, se estima.

LA MICAELA.– ¿No quiés tú un traguete, Frutos?

EL FRUTOS.– Yo, no.

La Micaela sirve al Galo y al cabo unos vasos de vino.

EL GALO.– ¡Qué cosa es la vida! Que vuelve uno luego de pasar lo que uno ha pasao, y ná, que lo de uno no es ná. La madre muerta. el hermano ciego, el amigo afusilao… y tóo dios sufriendo y llorando, y a tener conformidad, porque a ver si no.

Todos bajan la cabeza y callan. La Rosa, no. Se advierten sus actitudes, su condición de mujer fuerte. Indomable.

EL CABO.– Pero después de tóo, aquí se está con los buenos, que tú a saber lo que habrás pasao allá con los rojos.

LA ROSA.– Eso.

LA MICAELA.– ¡Toma si habrá pasao el pobrecito mío!

EL FRUTOS.– ¿Y cómo te has valío pa salir de aquel infierno?

EL GALO.– Ná, que me pillaron en la villa y no me dejaron volver ná. Dije, digo, ¡bueno! Cuando sea volveré a casa y en paz. Pero aquel mismo día me alistaron como a tóo dios y ¡hala!, a coger el chopo y al campo a tirar tiros y ná más. Había buena gente, eso sí.

EL CABO.– ¡Amos, tú! ¡Buena gente! Comunistas.

LA ROSA.– ¿Y por qué no va a haberla?

SEÑOR FAUSTINO.– Porque no pué ser, Rosa, hija. Unos hombres sin temor de Dios. Unos hombres que martirizan a todos los curas y a todas las monjas como los salvajes a los misioneros.

EL GALO.– ¡Qué va, padre! ¿Quién ha dicho eso?

EL CABO.– Eso lo sabe tóo el mundo.

EL GALO.– Mentiras y ná más que mentiras.

LA MICAELA.– ¡Toma!, ya me parecía a mí que…

LA ROSA.– ¡Pues claro, señor! Mentiras…

EL FRUTOS.– Bien se conoce que no has estao donde yo estuve, Galo. Allá por Burgos y por Salamanca, que es donde se sabe la verdá, que bien que la dicen los papeles. ¡Martirio les dan, Galo! Que ha habido uno que le arrancaron la piel como a San Bartolomé. Y que han quemao a muchos como a San Lorenzo.

EL GALO.– ¡Que no te digo, Frutos! Pero allá cá cual que crea lo que quiera creer. La cuestión es que a mí me llevaron de un lado pa otro, como a cá cual. Y sabían que uno es de aquí. Y como el pueblo nunca fue rojo, pues que estaba uno mú mal mirao.

EL CABO.– ¿Eh? ¿Qué tal?
EL GALO.– Pues con tóo y con eso ya ve usté. Ná. Que yo era como cualquier otro.
EL CABO.– Pero eso será porque tú no dirías que no eres rojo.
SEÑOR FAUSTINO.– Hombre, ¿eso pa qué iba a decirlo?
LA MICAELA.– ¡A ver!
EL GALO.– Ni lo dije ni me lo preguntó nadie.
LA ROSA.– ¿Y pa que se lo iban a preguntar?
EL CABO.– Pues pa darle mulé como a tóos. ¡Si sabrá uno!
LA ROSA.– Pues ya ve usté que no.
EL CABO.– Ya... Ya veo, ya...
EL GALO.– Fatigas, tóos hemos pasao fatigas. ¡Digo si se han pasao!, pero ya sanseacabó.
EL FRUTOS.– Pa algunos bien acabás están.
LA ROSA.– Eso.

El murmullo remoto que desde hace unos momentos se mezcla a las palabras se acentúa. Otra vez se oye un viva inconcreto. Otra vez se inician cánticos, que se disuelven pronto. No es nada de ello la expresión de un júbilo violento en la hora de la impunidad definitiva. El cabo escucha. Sonríe impertinentemente. Los demás oyen impasibles. La Rosa, enrojece de indignación.

EL CABO.– ¿Eh? Ahí está. La noticia de lo de Barcelona.
SEÑOR FAUSTINO.– Pué que sea eso.
EL FRUTOS.– ¿Qué dicen?
LA ROSA.– ¡Ná!
EL GALO.– Parece que se callan ya...
EL CABO.– ¡Qué van a callarse! ¡Pues menudo día!
LA ROSA.– No se callarán, no...
EL CABO.– Bueno, Galo, ¿y ahora tú qué?
EL GALO.– ¿Yo? Pues usté verá. A trabajar y eso. ¿Qué quié usté que haga? Pues como siempre.
LA MICAELA.– ¡A ver!
SEÑOR FAUSTINO.– Hombre, claro.
EL CABO.– Bueno, es que... vamos, que la cuestión es que hay que estar en regla. Y tú... ¿Qué papeles tiés tú? Pues los que te haigan dao los rojos. ¿Y eso pa qué vale?

EL GALO.– Hombre, papeles, lo que es por papeles..., ¿los quié usté ver?

EL CABO.– ¿Pa qué? Los de aquí. Los que te hacen falta son los de aquí. Con que a ver qué haces, Galo.

SEÑOR FAUSTINO.– Hombre. Eso... Tú bien que nos conoces, que hasta somos medio parientes, Y bien sabes tú que si el chico estuvo con los rojos ha sido contra su voluntad y porque las cosas vienen como vienen. Amos, me se figura a mí que respective a nosotros no pué ser que haiga duda.

EL CABO.– Tóo eso está muy bien. Pero se tire por donde se tire, indocumentao.

SEÑOR FAUSTINO.– ¡Hombre!...

EL GALO.– Yo...

EL CABO.– ¿Tú? Bueno. A ver, ¿tú cómo te has arreglado pa venir?

EL GALO.– ¿Yo? ¡Pues menudas fatigas! Y cuando llegaron los fascistas...

EL CABO.– Se dice el Ejército Nacional, Galo.

EL GALO.– Bueno, pues esos. ¡Ná! ¡Que llegaron y hale! Todos nosotros a un campo de concentración. Y que yo, como cada quisque, pues me escapé, y que he cruzado media España como he podido y que más quería andar que comer, y he perdido la cuenta de cuando salí y que aquí estoy gracias a Dios y ná más.

EL CABO.– Pero es que la guardia del campo...

EL GALO.– Allí ni había guardia, ni había ná. El que quiso irse se fue por las buenas, como yo. Y como muchísimos.

LA MICAELA.– A ver si entoavía va a pasarnos algo.

SEÑOR FAUSTINO.– ¿Qué nos tié de pasar, mujer? Ná, ná.

EL CABO.– Claro que ná. Tóo eso es más claro que la luz. ¿Pero y yo? ¿Qué es lo que tengo que hacer yo contigo?

EL GALO.– Hombre, yo no sé, cabo.

SEÑOR FAUSTINO.– Eso tú, hombre.

EL CABO.– Pues aquí no hay más que una cosa y no sirve darle vueltas. Tu tiés que volverte al campo ese.

EL GALO.– ¿Yo?

LA MICAELA.– No.

LA ROSA.– Al campo, ¿por qué?

SEÑOR FAUSTINO.– ¿Al campo?

EL FRUTOS.– ¡Cá!

Lo que dice el cabo suscita estas intervenciones rápidamente, que son expresiones de temor y de sorpresa.

EL CABO.– Al campo. Tiés que volver al campo. Tú llegas, dices las cosas como son a quien se las tengas que decir y arreglao. ¡Si esta más claro que la luz, hombre! Te dan los papeles que sea y al avío. Y te vuelves a tu casa y liquidao. Que pa arreglarte lo que haya que arreglar luego, aquí estoy yo, Galo. ¡Ná, todo eso es ná! Pero vengan los papeles, que la ley es la ley. ¿No?

SEÑOR FAUSTINO.– Eso sí, la ley es la ley.

LA ROSA.– ¿Pero no está en su casa, señor?

SEÑOR FAUSTINO.– Eso, claro que está en su casa.

LA MICAELA.– ¿Pues entóos qué?

EL FRUTOS.– Cabo… ¡A mí no me pidió usté papel denguno, hombre!

EL CABO.– Pero qué comparanza tié la deste con lo tuyo. Tú no venías de con los rojos.

SEÑOR FAUSTINO.– Eso también…

EL CABO.– ¡Ya lo siento, concho! Pero eso, la ley es la ley. Y uno es uno, que hay que hacerse cargo. Con que ná y lo dicho. Que cuanto antes mejor. ¡Y al avío!

SEÑOR FAUSTINO.– Está bueno, Bernabé. Y ahora veremos entre tóos cómo lo arreglamos lo mejor que se pueda.

EL CABO.– Con que tú bienvenido, Galo, y respective a la difunta, salú pa encomendarla a Dios, señor Faustino.

SEÑOR FAUSTINO.– Gracias, gracias.

El cabo, que hace ya un momento que se puso de pie, se va, luego de despedirse de todos.

EL CABO.– Hasta otra, Frutos.

EL FRUTOS.– Vaya usté con Dios.

EL CABO.– Caela, que sea pa bien.

LA MICAELA.– Eso.

EL CABO.– Güas, Rosa.

LA ROSA.– Güas.

Una pausa. Nadie acierta a hablar. Todos permanecen inmóviles.

SEÑOR FAUSTINO.– ¿Se pué comer ya, Caela?
LA MICAELA.– Deseguida.
LA ROSA.– ¡Por mí!... Yo no tengo gana.
EL FRUTOS.– Ni yo.
EL GALO.– Ni yo.
LA ROSA.– Ni nadie.
SEÑOR FAUSTINO.– Entonces, ¿qué?
EL GALO.– Pues ná. Que si sus parece de que descanse un poco, me marcho p'allá.
SEÑOR FAUSTINO.– Por la mañana, con la fresca, te puedes ir, Galo, hijo...
LA MICAELA.– Y yo con él.

Resuelta terminante.

SEÑOR FAUSTINO.– ¿Tú?
EL FRUTOS.– ¿Caela?
LA MICAELA.– Yo. Que a mí no me separa nadie de mi marido, que ya está bueno lo bueno. Y que lo que sea del uno que sea del otro, que nadie está segura de ná. ¡Y eso!
EL GALO.– ¡Tú no!
LA MICAELA.– Yo sí, Galo.
LA ROSA.– ¡Eso! ¡Va! Y hace bien. Di que sí, Caela.
EL GALO.– No, Caela. Tu quédate con padre, que le haces buena falta, y con la Rosa y con el Frutos, que tú dirás...
LA ROSA.– ¡Di que no, Caela! Tú con tu marido, que es tu obligación. ¡Juntos! Con él.
EL FRUTOS.– Tú vete con él si eres gustosa de ello, Caela, que pa el aquel de la casa ya está la Rosa, chica.
LA MICAELA.– Yo contigo, Galo.
EL GALO.– ¡Caela!

El rumor de la calle, que ha llegado a intervalos, se acentúa en ese instante. Se intensifica. Ondula. Las voces que cantan van unificándose. Sobre todas las estrofas se oye una con gran claridad, la que dice «Que en España empieza a amanecer». Frutos hunde la cabeza en el pecho. El señor Faustino se desploma en una silla. El Galo y su mujer, muy juntos, escuchan. La Rosa estalla de indignación.

LA ROSA.– ¿No oís, oyes tú, Frutos? Otra vez. Y otra. Y otra. ¡Que en España empieza a amanecer! ¡Cuando tú, pobre, no verás más el sol! Ni el Millán, ni madre, ni la suya, que va a quedarse ciega como tú, pero de llorar; ni la Gila, la del Ordinario. Ni el Tío Tres Pares el santero, ni Gabino el medidor. Ni Benito el de la viuda, el primo de Paula. Galo, que tú no sabes entoavía. Tóos afusilaos. ¡Que empieza a amanecer! ¡Que empieza a amanecer, Frutos, ciego, pobrecito ciego!

Acto tercero

Un campo de concentración. Pedregoso. Árido. Sombrío. Dos líneas paralelas de alambradas forman un camino diagonal, que cruza la escena y se pierde en el fondo. Son las últimas horas de la noche. De todo se desprende una terrible sensación de cosa inmóvil. Muerta. Las sombras son la alucinante mortaja de la tierra y del cielo sin nubes. Está estrellado. Pero las estrellas son muy pálidas y no palpitan. Dan la sensación de cosa muerta. Tienen la lividez de los fuegos fatuos.

Unos hombres en grupos, sin contornos, están tirados en el suelo. Hay muchos, algunos duermen. Otros están despiertos, inmóviles y con los ojos desorientados. De tiempo en tiempo, un centinela moro cruza el camino. El eco de los cánticos, que se extinguió con el acto anterior, renace. Muy poco a poco. Apagado al principio. Luego se oye, distintamente y lejos, la estrofa terrible «Que en España empieza a amanecer».

EL 1.– ¿Oyes tú? «En España empieza a amanecer»... ¡Serán granujas!

EL 2.– ¿Quién cantará aquí eso? Será alguno de los que nos venían. ¡Pa que te fíes!

EL 1.– Los militares. Son los militares. Los amos. ¡Y no poder uno morderles el cuello! ¡No poder nada!

EL 2.– Esos serán.

EL 1.– Maldito sea mi corazón.

EL 2.– ¡En España empieza a amanecer! ¡En España empieza a amanecer!...

EL 3.– ¡Pues ya sabemos lo que le puede a uno pasar, cuando en España empieza a amanecer! Cuando empieza a amanecer es cuando te fusilan. Mira qué bien si no amaneciera nunca, pero amanece todos los días. Y además que está escrito. Lo digo yo.

EL 2.– Y seguirá amaneciendo hasta que no quede un republicano vivo.

EL 3.– ¿Y qué vas a hacer tú, ni qué voy a hacer yo, ni qué va a hacer este? Que está escrito y nada más. Y como está escrito, pues que no hay modo…

EL 1.– Callarse ya. Y a dormir el que pueda, que mientras se duerme se descansa.

EL 2.– ¡Pues duérmete!

EL 1.– ¿Yo? Yo no puedo. A mí me hierve la sangre.

EL 2.– Se descansa cuando… cuando ya no se puede hablar.

EL 1.– ¡No hablar, hombre! Yo es que me vuelvo loco.

EL 2.– Ya lo dijo no sé quién. Dice…
De que se está, estoy bien cierto.
Mejor que de pie, sentado,
mejor que sentado, echado,
y mejor que echado, muerto.

EL 3.– Eso. Mejor que sentao, echao. A tumbarse. ¡Qué se le va a hacer!

EL 2.– Y mejor que echao, muerto. ¡A morirse!

EL 3.– ¡No deis voces, tú! ¿Ves?

Uno se pone en pie. Tambaleándose, cambia de sitio.

EL 1.– Voces…Voces…

EL 2.– ¿A quién le tocará hoy?

EL 3.– ¡A quien sea, qué más da! Nos va a tocar a todos, con que cuanto antes, mejor.

EL 1.– ¿Qué número tenía aquel chico moreno, de Málaga, que dio ayer el salto, lo sabe alguien?

EL 2.– Yo. Yo lo sé porque vinimos juntos. Era el 505.

EL 1.– Capicúa.

EL 3.– Pues hoy se cargan al 504 y al 506. Los de los dos lados. ¿Andan por ahí el 504 y el 506?

EL 4.– El 506 es mi hermano.

EL 1.– Pero será mayor que tú, ¿no?

EL 4.– Igual. Somos gemelos.

Habla sollozante. Vencido. Temblando de miedo. Es casi un niño.

EL 1.– Al 504 lo conozco yo. Ese es lo que se dice un hombre. De Asturias. Tanquista. Con un corazón como la copa de un pino. Estuvimos juntos en Usera. Ese, como tenga con qué... Como que me choca que lo hayan cogido vivo. Claro que también me cogieron vivo a mí, ¡maldita sea mi sangre!

Se oye un tiro. Instintivamente los que están tendidos se incorporan. Todos vuelven la cabeza hacia el sitio donde el tiro sonó. Los que duermen cambian de postura. Algunos no se mueven.

EL 3.– Uno que tenía con qué... Otro.

EL 2.– Y tóos los días hay quien lo tiene. Y todas las noches.

EL 3.– ¡Suerte!

EL 4.– ¡Ay, madre mía!

El 4, que está durmiendo sentado, se cubre el rostro con las manos, se dobla sobre la cintura y rompe a llorar como un niño. Los demás giran los cuellos hacia él. Le miran un instante en silencio.

EL 1.– ¡Amos, chico, que los hombres no lloran!

EL 2.– Pero si es una criatura. ¿Y qué va a hacer una criatura cuando está esperando que le quiten la vida?...

EL 1.– Tener corazón. ¡Hay que tener corazón! ¡Aquí! Eso.

Se golpea el pecho con los puños.

EL 3.– Cada uno, como es y nada más.

EL 4.– Y si estuviese junto a mi hermano, siquiera. Pero no...

EL 3.– ¿Dónde está tu hermano?

EL 4.– No lo sé. No lo sabe nadie.

EL 1.– Pues ponte en lo peor, chico.

EL 2.– ¡Hermanos!... Aquí todos somos ya como uno solo. Aquí ya no hay hermanos, ni hay nada. Ni tú eres tú. Ni yo soy yo. ¿Qué importa lo que era cada uno? Ni casi sabe uno si está vivo o muerto. ¿Que tú eres un chico violento? ¿Y qué? ¿Que tú eres un fatalista? ¿Y qué? ¿Que tú eres un romántico, que parece que con estas cosas haya todavía románticos por el mundo? Pues ná. Ya todos iguales Como el agua en el barro, y la tierra en el polvo. Masa.

EL 4.– Pero es que es mi hermano.

Aparece un sargento con cuatro soldados moros. Todos los hombres, aterrorizados, se aproximan los unos contra los otros. Pero, sin embargo, no se abaten, ni pierden su altivez silenciosa.

EL SARGENTO.– ¡El 503! ¡El 503! ¿No está aquí el 503?

De entre un hacinamiento de hombres tendidos, bajo mantas y harapos, alza el 5 su busto, apoyándose en los codos. Con ojos aún cargados de sueño, mira al sargento y le responde. El 5 es chicarrón torpe y desconfiado.

EL 5.– Yo...
EL SARGENTO.– Se dice «presente».
EL 5.– Presente.
EL SARGENTO.– ¡Hale, arriba! ¡Arza! ¿Era muy conocido tuyo el flamenco ese que dio ayer el salto? A ver. ¡Venga!
EL 5.– Conocido, todos somos conocidos.
EL SARGENTO.– ¿Y no te habló de lo que iba a hacer?
EL 5.– ¿A mí? A mí, no.
EL SARGENTO.– ¿No?
EL 5.– No.
EL SARGENTO.– ¿Ves tú? Para que te fíes del que tienes a tu lado.
EL 5.– ¿Yo? Yo no me fío ni de mi madre.

Se ha puesto de pie. Se rehace. Mira al sargento y a los moros.

EL 5.– Pues usté dirá...
EL SARGENTO.– Andando. ¡Y a ver si escarmentáis ahora, escombros! Que lo voy a repetir. ¿Que se escapa uno? Bueno, ¿que da uno el salto? Pues que se afusila a los compañeros de los laos. El que tiene el número antes y el que tiene el número después. ¡Y hala, que hay prisa!
EL 1.– Pero el malagueño era el 505.
EL SARGENTO.– Ya.
EL 1.– Pues entonces, a quien les toca la china es al 504 y al 506.
EL SARGENTO.– Matemático.
EL 1.– ¿Entonces por qué se llevan al 503?

EL SARGENTO.– Lo primero, porque sí, que eso no es cosa tuya. Y lo segundo, porque el 504, que estaba allá, tenía una pistola el granuja y se ha dao un tiro en los sesos. ¡Y delante de mis narices., que hay que ver! Para que luego digan que si uno...

EL 1.– Pues entonces liquidao el 504, ¿digo yo no, verdá?

EL SARGENTO.– ¡Cá! Al 504 se le reemplaza. Corre el número. Y el del remplazo, es este.

EL 5.– Pues hala, adonde sea. Vamos.

EL SARGENTO.– ¡Otro flamenco!

EL 5.– ¿Yo? Yo no. Un hombre y nada más.

EL SARGENTO.– Fuera ya. Aprisa, que es tarde.

Se lo llevan los moros. Lo sujetan. Pero él se desembaraza momentáneamente de ellos. Vuelve la cabeza como para despedirse de sus compañeros. Grita.

EL 5.– ¡Viva la República!

Entre las sombras y bajo las mantas contestan los demás el viva sordamente. El sargento, descompuesto, trata de imponerse.

TODOS.– ¡Viva!

EL SARGENTO.– ¡Silencio, escombros! ¡A callar! ¿Pero es que no escarmentáis?

EL 5.– Pues ya ve usté que no.

EL SARGENTO.– Ya escarmentareis... Ya escarmentareis... Ya...

Callan todos. Una pausa. El sargento enciende una linterna eléctrica de bolsillo. A su luz ojea unos papeles.

EL SARGENTO.– A ver este otro. Buena pinta. ¡El 924! ¡924! ¿Dónde está el 924? ¿No eres tú?

El 1 se ha replegado en el suelo. El sargento le da un puntapié.

EL 1.– ¿Yo? Yo no.

El sargento ojea de nuevo sus papeles.

EL SARGENTO.– Se llama... A ver... Eso, Galo Municio. Este es. ¡Galo Municio! ¡El 924! Galo Municio.

Allí está el Galo, en efecto. Duerme bajo una manta. Al oír su nombre levanta la cabeza y trata de desembarazarse apresuradamente de la manta. No logra desembarazarse de ella. Pero se pone en pie. La manta le cuelga de los hombros.

EL GALO.– ¡Y López!
EL SARGENTO.– Se dice «presente»
EL GALO.– La costumbre.
EL SARGENTO.– ¡Presente, escombro!
EL GALO.– Presente.
EL SARGENTO.– Buena pieza estás tú...
EL GALO.– ¿Yo? ¡Claro! Yo... Yo, pues lo que usté diga. Porque como yo...

Ríe por instantes y desorientadamente. Cree advertir la hora de su libertad y de su regreso y que de un momento a otro va a abrazar a la Micaela, su mujer. Pero le extingue el júbilo naciente la lobreguez que le rodea. El sargento ni oye lo que Galo dice. Sigue ojeando sus papeles. En las tinieblas, brillan los ojos inflamados de todos los demás.

EL SARGENTO.– Tú... Tú escapaste el primer día, ¿no?
EL GALO.– Eso. Cuando tóos el primer día. Que salí de arrea pa casa. Yo soy de al lao de Borox. Y ya sabe usté... Como allí no ha pasao ná. Como allí tóo el mundo lo conoce a uno... Pues eso.
EL SARGENTO.– Total, que como por allí no hay rojos, porque aquella gente es de la buena, ¡pues que te pasaste en cuanto pudiste pasar y olé! A tirar tiros del otro lao.
EL GALO.– ¿Yo? Yo no, señor. A mí me cogió la cosa en Aranjuez, por un casual. Que fui a mercar unos aparejos. Y no me dejaron de volver al pueblo. Yo no he sío nunca ni rojo, ni ná. Labrador y ná más que labrador, y ya es bastante.
EL SARGENTO.– Ya... Con que labrador... ¡Qué risa!

Se alza un murmullo sordo entre los demás. Un murmullo hostil al Galo. El sargento trata de encararse con los que murmuran, pero están fundidos con las sombras.

EL SARGENTO.– ¿Qué pasa? ¡A callar, que al que gruña lo mondo! ¡Escoria! ¿Con que labrador?

EL GALO.– Labrador.

EL SARGENTO.– Labrador de la Casa del Pueblo.

EL GALO.– No. Allí no hay Casa del Pueblo. Yo trabajo con mi padre y ná más.

EL SARGENTO.– Y te fuiste a tu casa.

EL GALO.– A ver.

EL SARGENTO.– ¡Y has vuelto a la fuerza, claro!

EL GALO.– He vuelto...

EL SARGENTO.– ¿Has vuelto porque dónde ibas a esconderte allí, no?

EL GALO.– No señor, no. He vuelto, porque el cabo del puesto, que lo cual es algo familia, que dijo que volviera, por el aquel de los papeles, y que no tuviese cuidao, que bien que nos conocen a tóos, que mi padre fue concejal, cuando lo de la Unión Patriótica, y mi hermano ha estao con ustés y ha vuelto ciego, y mi madre se murió al verle, porque tenía un mal de corazón y lo que pasa con que...

EL SARGENTO.– Pero tú no volviste solo.

EL GALO.– No. Yo vine...

EL SARGENTO.– Tú viniste con una.

EL GALO.– Yo vine con mi mujer.

EL SARGENTO.– ¿Y esa a qué vino?

EL GALO.– Pues las cosas. Que se empeñó. Y que ya sabe lo que son las mujeres. Como si a uno le fuera a pasar algo. Lo cual que desde que me metieron aquí no me la han dejado ver. Y ella está aquí a todas horas. Mismo ayer por la tarde me trajo unas cosillas. Pero verla no me la han dejado ver.

EL SARGENTO.– Pues ya no va a tener que traerte nada.

EL GALO.– ¿Que no va a tener que traerme nada?

EL SARGENTO.– Nada.

EL GALO.– Bueno, ¿pero los papeles? ¿A quién hay que darle los papeles? Porque ya con los papeles...

EL SARGENTO.– Los papeles... ¡A nadie! Los papeles... ¡Vamos, hombre!... ¿Es que no estás enterao de lo que les pasa a los que salen por los pies? ¿Y es que tú no saliste por los pies? ¡El salto!... ¡El salto!...

EL GALO.– Pero yo, no...

EL SARGENTO.– ¿Que tú no qué?
EL GALO.– Que yo no sabía.
EL SARGENTO.– ¿No sabías qué, tú?
EL GALO.– Pues eso.
EL SARGENTO.– ¿Eso qué?
EL GALO.– Eso, lo que usté dice...
EL SARGENTO.– Pues ahora lo vas a saber. ¡Los papeles! ¡Los papeles! ¡Te ibas a poco! ¡Ni papeles ni nada! ¡Escombro! Que no sois más que eso. ¡Escombros! ¡La escoria! Que no sabías... Pues te vas a enterar, ¡pero cómo!, de que los que dan el salto, se caen. Pero que se caen y no se levantan. Ya me entiendes.

El Galo ha entendido, en efecto. De sus hombros se desliza la manta que los cubre y cae. Sin ella toma el Galo momentáneamente un aspecto altivo. Pero pronto baja la cabeza con una expresión de abatimiento. Los dos soldados moros, que se llevaron al 503, han vuelto. Se unen al sargento.

EL SARGENTO.– Es que vas a desmayarte como una señorita.
EL GALO.– Yo no.
EL SARGENTO.– Pues desmáyate si quieres. Eso es de material. Llora si quieres, que también hay quien llora. ¡O muérdete los puños, hombre!
EL GALO.– Pero... Pero es que... ¿Es que me va a afusilar usté?
EL SARGENTO.– ¡Hale! ¡Tira p'alante! Fuera. Lleváosle de aquí, ya.

Dos soldados moros colocados junto al Galo, lo empujan hacia afuera. Galo no se resiste, pero grita horrorizado. Está pálido, tiembla. Parece que los ojos se le van a salir de las órbitas. Sus gritos inflaman el silencio como explosiones.

EL GALO.– ¿A mí? ¿Pero yo? Entonces... Pero entonces...
EL SARGENTO.– ¡Hale! ¡Hale! ¡Escombro! ¡Escoria!

Se lo llevan los soldados moros, que le conducen empujándole. Los gritos de Galo van perdiéndose.

EL GALO.– ¡Ay! ¡Ay que me vuelvo loco, Santísima Virgen! ¿Pero qué infierno es este, señor? ¿A mí por qué me van a matar, madre mía? ¡Madre mía!

Se extinguen los gritos de Galo. Hay después un profundo silencio. El sargento sigue ojeando los papeles a la luz de su lámpara.

EL SARGENTO.– Otro. ¡El 730! ¿No está aquí el 730?

Silencio. Todos se han cubierto con las mantas hasta la cabeza. El sargento se mueve trabajosamente entre los montones de hombres que cubren el suelo bajo las mantas. La del Galo esta allí abandonada.

EL SARGENTO.– ¡El 730! ¡El 730!

Se aleja de allí sin dejar de llamar de tiempo en tiempo al 730 y seguido de los moros. Cuando ya no se oye su voz van surgiendo los rostros de debajo de las mantas. El cielo principia a palidecer. Amanece muy poco a poco.

EL 2.– Ya va a amanecer.

EL 1.– En España empieza a amanecer. Como dicen ellos. ¡Los mamaos!...

EL 3.– ¡Empieza a amanecer! ¡Que empieza a amanecer!... Eso es como todo. Cuando tiene que amanecer, amanece. Y a otra cosa.

EL 2.– Un día más de vida.

EL 1.– ¿Y eso qué? Si no es hoy, será mañana. O pasao. O al otro. Con que...

EL 3.– Que no hay quien lo menee.

EL 2.– Cómo van apagándose las estrellas...

EL 1.– ¿Más versos todavía?

EL 2.– No son versos. Es que van apagándose, míralo.

EL 1.– El de Borox, se ha dejado la manta aquí.

EL 3.– ¡Para lo que iba a servirle ya!... A alguno le vendrá bien, que hay quien no tiene.

De entre el montón de hombres tendidos se pone uno de pie. Se envuelve en su manta. Echa a andar. También el

4 se pone de pie. Este no tiene manta, hunde el cuello entre los hombros, las manos en los bolsillos y echa a andar. El 3, que está boca abajo, eleva el busto apoyándose sobre los codos.

EL 1.– ¿Tú no tienes manta. verdad?

EL 4.– ¿Yo?

EL 1.– Tú.

EL 4.– Yo no.

EL 1.– Pues ahí va esa. Al de Borox ya, como no fuese para amortajarlo...

Se ha arrastrado hasta donde está la manta. La toma. Se la da al 4.

EL 4.– Gracias.

EL 2.– ¡Hala! Y arrópate, chico que estas tiritando.

EL 3.– A lo mejor no es de frío de lo que tirita.

El 4 se arropa en la manta, en efecto. Y se dispone a seguir andando.

EL 1.– ¿Pero adónde vas tú?

EL 4.– ¿Yo? Yo ahí con Vallecano. A la bomba. A beber. Que es que estoy ardiendo.

EL 1.– ¡Para, cochero! ¡Túmbate y aguanta hasta que salga el sol, aunque tengas una hoguera en las tripas, chico!

EL 2.– ¿Pero es que tú no sabes?

EL 4.– ¿Yo?

EL 3.– Que no sabe.

EL 1.– Pues entérate. ¡A la bomba! Pues en la bomba es donde te caza el centinela. Que a beber, y te sacude un tiro y te tumba y luego dice que ibas a escaparte por entre las alambradas que están allí. Y que se gana 25 duros y un permiso, tú. Es que no te enteras de nada.

EL 4.– Yo no.

EL 2.– A mí lo que me choca es el Vallecano, que tiró hacia allá.

EL 4.– No lo sabía tampoco.

EL 2.– ¡No lo ha de saber!

Han ido extinguiéndose las palabras. Y recobrando los hombres sus posturas, tendidos bajo las mantas. Entre sus pliegues, se descubre no obstante algún rostro, con los ojos febriles. Una pausa larga. Ya se extienden sobre el campo las livideces de la luz de un amanecer frío. Se oyen, no demasiado lejos, dos tiros de fusil. Los hombres se incorporan. Unos elevan el busto, oblicuamente apoyado en un brazo rígido. Otros se sientan. Otros se arrodillan. Otros levantan la cabeza o las manos. El 4 se cubre la cara con las manos. Y luego la cabeza con la manta, y se deja caer.

EL 2.– El Vallecano o... Como no abría la boca, no hubo modo de saber. Pero a lo mejor lo ha hecho aposta, para acabar...

EL 3.– A lo mejor...

EL 1.– Es que te dan ganas de hundirles las uñas en el gañote al primer granuja de esos que asome. ¡Y a ver qué pasa! Porque es que va a acabar uno loco. ¡Dios! ¡Mira! ¡Mira tú!

Por el fondo, cruzan unos soldados moros con sus fusiles. Los manda un cabo.

EL 2.– El pelotón. Es ya amanecer...

EL 1.– Moros. Los moros, no marran un tiro. Tampoco yo marraría si pudiera tirar. Maldita sea mi sangre.

EL 3.– Que no hay más que aguantar mecha...

EL 1.– ¡Pues eso, maldita sea! ¡Que no puede uno! ¡Que no puede uno!

Exaltadísimo, se clava en el cuello los dedos de sus dos manos. Tratando así de ahorrar sus propios gritos.

EL 3.– ¡Tú! ¿Pero a qué viene que te pongas así? Para consumirte nada más. ¿Es que puede uno nada? ¡Pues entonces!

EL 2.– Nada. No puede uno nada. Hay que refugiarse en uno mismo. Y soñar, para huir de esto. Y de todo.

EL 1.– ¡Soñar!... Lo que hay que hacer es decidirse un día y jugarse el pellejo, que bien perdido está, y llevarse por delante a los que sea.

Llega el sargento. Cruza despertando a los hombres a puntapiés y obligándoles violentamente a incorporarse y a formar, dando cara al camino que cruza el campo entre alambradas.

EL SARGENTO.– ¡Hala! ¡Arriba! ¡Escombros! A formar, que es la hora. Que va a pasar la justicia. ¡Hale, escoria! ¡Hale, escoria! ¡A ver si a fuerza de verla os remuerde la conciencia a algunos, escombros! ¡Hale! De pie se ha dicho.

Desaparece, siempre despertando a los hombres, que van surgiendo de entre las mantas. Se tambalean. Se entrechocan. Van alineándose ante las alambradas, que bordean el camino que cruza el campo. De cara a él. Sucios, harapientos y agotados, parecen ajenos a todo. Son unos autómatas. Han perdido la voluntad y, bien se advierte, son como muertos galvanizados. Hablan mientras se ponen en pie y se alinean.

EL 1.– Pues al de Borox, también se lo cargan. ¡Vamos que eso!... ¡Un fascista que es!

EL 3.– Pues eso... Que nada sirve de nada.

EL 2.– Ya no hay ninguna estrella...

EL 1.– Tu, aquí. Y tú al otro lado de este.

Colocan al 4, que se tiene en pie difícilmente, entre él mismo y el 3. Le sujetan por los brazos para que no se desplome. El sargento cruza de nuevo y vuelve a desaparecer. A su vista los hombres cuidan de conservar la formación.

EL SARGENTO.– ¡Vamos a ver qué pasa! Cuidado hoy con los vivos y con cosas de esas, que yo no soy como el sargento López, que yo abrazo a mi madre. ¡Hala, escoria! Aquí, disciplina y nada más. Con que... Eso, ¡disciplina se ha dicho!

Desaparece. Sigue oyéndosele hablar con la misma violencia.

EL 1.– ¡Disciplina!...Y a morirse como los gorriones. De rabia. Maldita sea mi sangre.

EL 3.– Ahí vienen...

EL 1.– ¿Ya tienes tú los ojos mojaos?

EL 2.– ¿Yo? Yo sí. Me pasa todos los días. Ya sabes...

EL 3.– ¡Nada! No hay que llorar. No hay que hacer nada. Ni llorar como lloras tú. Ni rezar como reza aquel del lunes. Ni encorajinarse como este. Nada.

El 4 está a punto de derrumbarse desmayado. El 1, que le está sosteniendo, lo advierte. Y le dice:

EL 1.– Tú, cierra los ojos y apriétate el corazón.

EL 2.– ¡No te caigas!

EL 1.– ¡O cárgate al sargento si tienes riñones!

EL 3.– ¿Para qué? Nada. Nada...

Llegan por el camino en cuesta de entre las alambradas, y rodeados de un pelotón de soldados moros, el grupo de hombres que van a fusilar. Unos caminan con la cabeza baja. Otros van altivos y retadores. Uno solo, medio desmayado. A este le conducen los moros, arrastrándole. A otro, que se resiste a morir, le llevan a empellones. El Galo va el último, confuso, en la actitud del hombre que no está seguro de si está despierto o sueña. Las sombras del grupo siniestro se dibujan como siluetas en la contraluz del cielo, que empieza a iluminarse frío.

UNO.– ¡Viva!...

Un soldado le tapa la boca ahogando así aquel viva. Otro habla en voz baja al pasar a los que están formados. Luego lanza su «viva» sujetando las manos al soldado, que también intenta taparle la boca. Los más de los que cruzan con él, contestan al viva. Algunos levantan el puño cerrado. El 2 se enjuga las lágrimas con el antebrazo.

OTRO.– Vosotros chitón, para que no os maten también...¡Viva la República!

OTROS.– ¡Viva!

UNO.– ¡Viva España!

OTROS.– ¡Viva!

EL 1.– ¡Viva!

El 1, que pudo dominarse en el viva anterior, no lo ha podido conseguir en el segundo. Todos vuelven la cabeza ante él. El hermano del 4, que pasa con el grupo de los que van a fusilar, busca al 4 con la mirada. Le ve al fin. Se le aproxima un instante a través de la alambrada. Le habla en voz baja agarrándose a las púas de alambre.

EL HERMANO.– ¡Isidro!... ¡Isidro!... ¡A ser valiente, Dios!

El 4 está a punto de desplomarse. Pero lo impiden el 1 y el 3, que lo sostienen. Queda con las piernas y el cuello doblados, como un muñeco. Su hermano, al verle así, quisiera pasar a través de la alambrada, pero los soldados que le ven le desprenden y le empujan. El hermano del 4 sigue sin dejar de volver la cabeza ni de llamarle excitadísimo.

EL HERMANO.– ¡Isidro! ¡Isidro! ¡Isidro!

EL 1.– ¡De pie! Tenle tú de ese lado, que yo le tengo, que a mí no se me cae.

EL 3.– Venga... ¡pero si es un crío!

EL 1.– ¡Pues hasta los críos tienen que ser valientes! Que no vean esos granujas que se desmaya. Tenlo bien.

EL 3.– Ya...

EL 1.– Así.

Ya se ha alejado el pelotón. Todos.

EL 2.– No sale el sol. ... No quiere alumbrar esto...

EL 3.– ¡Cómo pesa!

EL 1.– ¡Pues aguanta!

EL HERMANO.– ¡Isidro!

Llena el silencio muy profundo la voz del hermano del 4. Los hombres, formados, vuelven la cabeza al sitio de donde llega la voz. Escuchan.

ISIDRO.– ¡Mira, para que le digas a madre cómo mueren los hijos de Madrid! ¡Viva la República!

La confusión y el desorden de las palabras que preceden al viva declaran que le han tapado la boca. Pero las siguientes son claras, como las de quien se libera de un amordazamiento.

EL HERMANO.– ¡Isidro! Que vale más que te fusilen que vivir con estos hijos de...

Unas descargas, borran las últimas palabras de la frase terrible.

EL 1.– ¡Asesinos!

El 3 se cubre la cara con las manos. El 1 toma en sus brazos al que se desploma, como muerto. Todos hunden la cabeza en el pecho. La luz del amanecer, tiñe el cielo de rojo. Sobre el fondo de su luz, se obscurecen todas las siluetas.

EL 2.– Empieza a amanecer... Empieza a amanecer... En España empieza a amanecer...

Redoblan unos tambores. Luego un cornetín toca diana.

CAE EL TELÓN

Acto cuarto

Estamos de nuevo en la cocina de la casa del señor Faustino. Nada ha cambiado, pero flota en el aire ese «no sé qué» pesado y rígido de que lo impregnan las penas de quienes lo respiran.

El Frutos, tanteando todo con su cayada, va, andando despacio, hacia la puerta de la calle. Junto a él, el Fanegas lo observa cuidadosamente. La Rosa cruza, entra y sale de unas habitaciones a otras. Limpia el polvo. Pone la casa en orden.

EL FRUTOS.– Ya verás cómo con la cachava me las arreglo al pelo, y arreo solo por ahí.

EL FANEGAS.– ¡Hombre, eso, claro!

EL FRUTOS.– La cachava… ¡La cachava es un amigo, Fanegas! Otro y parece como que ve uno con el regatón. ¡Bueno, ver!… No es que veas. Como entrever y tocar. Tú no pués hacerte cargo y más vale. Pa hacerse cargo hay que quedarse ciego.

EL FANEGAS.– Ya se comprende al respective, galán…

LA ROSA.– ¿Pero sus vais al sol o no sus vais?

EL FRUTOS.– Nos vamos. Pero tú deja… Poco a poco… Poco a poco…

EL FANEGAS.– Es que dice unas cosas que le ajigolan a uno.

LA ROSA.– Ya… Andai, chicos, que está la mañana que da gozo.

EL FRUTOS.– Tú deja… Con un perro y la cachava, pues se había acabao el que sus marease. A ti, Fanegas, te digo.

EL FANEGAS.– ¡Amos, chico! ¡Si yo soy muy gustoso, tú!

EL FRUTOS.– Ya, hombre, ya. Pero las cosas son las cosas y hay que darse cuenta. Ya ves tú el Gurriato. Pues no viene. Porque se hubiera cansao. Si no tié más remedio…

EL FANEGAS.– ¡Qué va! No viene por el aquel de que no pué venir. Pero tan gustoso es él como yo.

EL FRUTOS.– No, si eso sí. Menudo es el Gurriato.

EL FANEGAS.– ¡Hala! Que ya estás en la puerta. Tira.

EL FRUTOS.– ¡Güena mañana de sol!

EL FANEGAS.– ¡Pero ves el sol!

EL FRUTOS.– Lo siento encima. ¡En la piel, tú! Pa la derecha, a la fuente del cura. Pa la izquierda, a la Alamedilla. ¿Vamos para la parte de la Alamedilla, no?

EL FANEGAS.– ¡Hale!

LA ROSA.– No sus entretengáis mucho, que luego padre está con cuidao.

No la contestan. Se han ido ya. Se asoma a la puerta de la calle para verlos marchar. Entra después. Sigue trajinando. Luego de una pausa, llega el Gurriato cuando la Rosa se ha metido dentro. El Gurriato se apoya en la pared. Lía un pitillo. Sale la Rosa.

EL GURRIATO.– Güas…

LA ROSA.– Buenos días.

EL GURRIATO.– ¿No anda por ahí el señor Faustino?

LA ROSA.– No, se fue a la misa de nueve.

EL GURRIATO.– Entós…

LA ROSA.– Si quié usté le dé algún recao…

EL GURRIATO.– Recao…

LA ROSA.– O aguárdele usté.

EL GURRIATO.– Eso.

LA ROSA.– Tardar ya no pué tardar.

EL GURRIATO.– No hay prisa.

LA ROSA.– Siéntese usté si quiere.

EL GURRIATO.– Se estima, Rosa…

El Gurriato se sienta en el poyo sobre el que se alza el hogar. Rosa sigue arreglando la casa.

EL GURRIATO.– Ya he visto por ahí al Frutos, el pobre, con su cachava y con el Fanegas. Es que le da a uno no sé qué verle ciego, la verdá. Que no se acostumbra uno, la verdá. ¡Que no se acostumbra uno, vamos!

LA ROSA.– A tomar el sol una miaja van.

EL GURRIATO.– Pa la parte de la Alamedilla dice que iban a tirar.

LA ROSA.– Eso. A la Alamedilla.

Una pausa.

EL GURRIATO.– Paece que tarda el señor Faustino, Rosa.

LA ROSA.– A lo mejor le entretienen por ahí, que ya sabe usté lo que pasa.

EL GURRIATO.– Entós... Güeno, por si no me viene a mano volver a la tarde, que a lo mejor se tercia, dile que han mandao decir a un porción de labradores...Vamos, que las cosas cambian y que el Conde vuelve a ser el amo de las tierras y que no hay más. Y que hay que irse ca el conde.

LA ROSA.– Pero entós nosotros..., y mi padre.

EL GURRIATO.– De lo tocante a vosotros, no sé yo; que tu padre al fin y al cabo era un rentero hasta que la ley de la República, y eso es otra cosa.

LA ROSA.– Ya verá usté cómo vuelve a ser el amo, lo mismo.

EL GURRIATO.– Yo no sé. Como uno no entiende... Como uno no es más que un jornalero.

LA ROSA.– Eso sí. A usté qué más le da.

EL GURRIATO.– Hombre, como darle a uno sí que le da, que con tu padre y con los otros gana uno treinta y dos reales muy hermosos, y el Conde no daba más que trece. Y eso a mí y a los otros que saben su obligación. El Fanegas, es un poner, que no tié que sea joven pa que la sepa. Pero es que había mozos de mular que ganan siete. ¡Y cinco! Y tú dirás qué hace un hombre con cinco reales de jornal como están hoy las cosas.

LA ROSA.– Pero digo yo que las cosas serán como antes.

EL GURRIATO.– Y ahora igual. Dicen que van a poner las cosas en orden. Vamos, como estaban. Y que el orden es eso. Los cinco reales de jornal. ¡Y a bajar la cabeza, que quien manda, manda, y qué se le va a hacer!

LA ROSA.– ¡Las cosas como estaban! ¿Pero entonces, aquí, nosotros?... Ya verá usté. ¡A morirse de hambre todo el mundo! Las cosas en orden. ¡A que el amo se vuelva a comer el sudor de los labradores! Ya verá usté como sí.

EL GURRIATO.– Toma si lo veremos.

LA ROSA.– ¿Pero no dicen que la tierra es de quien la trabaja? Pues entós.

EL GURRIATO.– Pero es que ya no lo dicen. Por lo visto, quienes lo decían eran los herejes y la gente mala.

LA ROSA.– ¿Y usté de dónde saca eso?

EL GURRIATO.– ¿Yo? Yo no. El señor cura es quien lo dice. Los herejes. Los que quemaron las iglesias, en tóos laos. Y más que eso.

LA ROSA.– Ya verá usté cómo acabamos teniéndonos que marchar a donde sea. Y como sea.

EL GURRIATO.– Vosotros, no. Vosotros es otra cosa. Sobre que marcharse, ¿pa qué? ¿Y a dónde? Si en tóos laos pasará lo mismo, que como quien es el Gobierno... ¡Tú verás!

LA ROSA.– ¿Y es pa eso, pa lo que se ha acabao la guerra? ¿Pero a usté le parece? ¿Es que esto es vida, señor? ¡Que ahí está mi cuñada, que va a volverse loca, porque no tié más remedio, señor! ¡Y ahí está mi hermano ciego, el infeliz, que usté dirá qué va a ser de él, y mi madre bajo tierra, y mi padre, que le han echao veinte años encima de que afusilaron al Galo allá como afusilaron al Millán aquí! ¡Pa volverse locos y ná más!

EL GURRIATO.– ¿Y cómo anda hoy Caela?

LA ROSA.– Pues como tóos los días. ¿Cómo quié usté que ande? Hecha una compasión.

EL GURRIATO.– ¿Y el señor médico no dice ná?

LA ROSA.– Ná. Que no tié más que ir tirando como sea hasta que nazca lo que sea. Otra que tal. Ahí tié usté. Un chico o una chica, que manda Dios al mundo, sin padre.

EL GURRIATO.– Eso. Y ya ves. También dicen que no es verdá que al Galo lo afusilaran.

LA ROSA.– ¡Que no lo afusilaron! ¡Que no lo afusilaron! Y eso quién es quien lo dice. ¡A ver!

EL GURRIATO.– Pues el mismo. El señor cura. Como lo otro...

LA ROSA.– ¿Y él qué sabe? ¿Y a él quién se lo ha dicho?

EL GURRIATO.– ¿A él?

LA ROSA.– Eso.

EL GURRIATO.– Pues a él dice que Bernabé el cabo.

LA ROSA.– ¡Qué cosa!...

EL GURRIATO.– Ojalá y que sea que no lo afusilaran, mujer.

LA ROSA.– ¡Que no lo afusilaron! ¡Que no lo afusilaron!...

Ni el Gurriato ni la Rosa han visto entrar a la Micaela, que llega muy despacio, oye las últimas palabras y se yergue como una fiera herida.

LA MICAELA.– ¡Lo afusilaron! Aquella noche no dormí. Y yo y otras, lo oímos todo. Los tiros. Las voces. Los ayes. ¡Los tiros como si me los hubieran dao a mí, en las entrañas! Y el corazón no engaña además, que eso ya se sabe. Y al día siguiente, cuando fui a llevar una miaja de comida, porque en el campo los matan de hambre, me dijeron que al Galo ya no le hacía falta ná. ¡Ná! Y eso es lo que dicen cuando los afusilan. ¡Ya no le hacía falta ná! ¡Con que más claro!...

EL GURRIATO.– Uno lo que dicen. Y eso... Que ojalá Dios que fuese verdá que no.

La Micaela coge una escoba para ayudar a la Rosa. Pero la Rosa se la quita de la mano.

LA ROSA.– ¡Quita! Trae tú si te da la gana, que ya no estás pa andar trajinando y siéntate y déjame a mí.

LA MICAELA.– Sí que voy a sentarme una miaja.

Se sienta en efecto en una silla baja. El Gurriato se pone de pie y se dispone a marchar.

EL GURRIATO.– Y yo me voy, que ya no puedo aguardar más. Con que tú dile a tu padre, pues eso.

LA ROSA.– Vaya usté descuidao.

EL GURRIATO.– Y tú, Caela, cuídate, mujer, y no te martirices más, que sí, qué cosa que tu hijo no tenga padre, la verdá..., pero al fin y al cabo un hijo es un consuelo, con que...

LA ROSA.– Vaya usté con Dios y que él nos ampare a tóos.

EL GURRIATO.– Eso. Güos días...

LA MICAELA.– ¡Salú!

Se ha ido el Gurriato.

LA MICAELA.– Los del otro lao, decían eso: ¡Salud! ¡Pero ya!... En el otro lao están cerrás toas las bocas.

LA ROSA.– ¡Y pa siempre, Caela! Y en este lao también. ¡Pa siempre!

LA MICAELA.– Eso ya se verá... Fíjate. Nosotras, es un poner, Que el Frutos, ciego. Que la madre, bajo tierra. Que mi Galo, afusilao. Que Millán, que si entoavía no era de la familia, al fin y al cabo lo iba a ser, afusilao lo mismo. Pero ya se verá... Ca casa es como una sepultura. ¿Y sabes por qué? Tú no. Pero en el otro lao sí. Pues porque ese que manda ahora, dijo que iba a afusilar a la mitá de España. Y la ha afusilao. ¡Pa tener mando, Rosa! ¡Ná más que pa eso! Aquí no se sabe ná. Hay que haber estao en el otro lao. Aquí estamos a ciegas. Aquí lo que dice el cura y el cabo de la Guardia Civil. Aquí no quitaban la vida a los güenos a la luz del sol.

LA ROSA.– Pero se la quitaban a la luz de la luna. O a la de las estrellas.

LA MICAELA.– ¡A media España, mujer! ¡Ha matao a media España! ¿Y sabes tú quiénes son los afusilados de la media España? ¡Pues los trabajadores! ¡Los trabajadores, Rosa!

LA ROSA.– Lo que decía el Millán. Que va a acabar con los trabajadores. Y con los paraos. Pa que no pidan. ¡Malditos!

LA MICAELA.– ¿Y sabes quiénes los matarán? ¡Los amos, Rosa! ¡Y los hijos de los amos!

LA ROSA.– Pues como aquí.

LA MICAELA.– ¿Y sabes tú quién era el que me dijo que no volviera con la miaja de comida para el Galo, que ya no hacía falta ná? ¡Ná!... Pues un extranjero. Soldado, pero extranjero. Hay muchos y moros.

LA ROSA.– Moros... ¿Y cómo Dios permite esas cosas, Caela, que paece el fin del mundo?

LA MICAELA.– ¡Dios!... Bien que están con ellos los curas. ¡Dios!... ¡Y yo no puedo más, chica! ¡Porque no se le cae a una aquello de la cabeza! Y voy a volverme loca, y sabe Dios... ¡Dios!

LA ROSA.– ¡Hala! Tú déjate. Que tú vas a tener un hijo. Y eso puede mucho y tiés que cuidarte por obligación.

LA MICAELA.– ¡Pues sí, porque voy a tenerlo vivo entoavía! Por mi hijo. ¡Pues si es mi esperanza! Como la de toas las madres del otro lao, que era el bueno, Rosa. Tú sabes. Aquí no sabéis. Allí no queda ná. ¡Ruinas y ná más. ¡Ni los cerros! La tierra rasa. Y en tóos laos fosas. Y montones de difuntos por todas partes. Cada cuneta es un sepulcro. Leguas y leguas de muertos, chica. Pues cada madre pare a su hijo pa que vengue a los muertos el día de mañana. Y cuando pase un moro o un extranjero o un militar de los que mandan, las madres se los enseñarán a los chicos. Y se los señalarán con el dedo. Y les dirán: «¿Ves ese? Pues ese mató a tu padre. ¡Cuando seas hombre, tú mátalo a él!». ¡Hay que tener hijos de nuestros muertos, Rosa!

LA ROSA.– Que sí, mujer. ¡Ay, quién lo sintiera como tú, en las entrañas! ¡Maldito sea mi vientre, señor! ¡Ay, quién fuera casada! ¡O viuda como tú! ¡Y no moza honrada! ¡Pero ya verás tú, Caela! Ya verás cuando llegue eso, como también yo sabré vengarme. Que todo cambia y una se hace loba. La hacen loba a una.

LA MICAELA.– ¡Como a mí, Rosa! ¿Es que yo era así? ¡Qué va! Una pasmarota y ná más. A llorar por ná y a bajar la cabeza por tóo. ¡Pues ahora, quiero ser una fiera! Otra loba. Como tú. ¡Hay que ser lobas!

LA ROSA.– ¡Hay que ser lobas!

LA MICAELA.– Nos han cambiao. Tú, cuando lo del Millán, ni lloraste tan siquiera, que tus dolores iban por dentro, que siempre fuiste brava que no hay más. ¡Pues así quiero ser yo, chica! ¡Como los de allá!

LA ROSA.– ¡Y qué ciego está padre!

LA MICAELA.– Ciego, ciego. Más que el Frutos.

LA ROSA.– Y que no sirve quererle abrir los ojos.

LA MICAELA.– ¿Pa qué?

Llegan de la calle el señor Faustino, el cabo Bernabé y Don Magín. Este don Magín es un hombre sesentón, seco, ceremonioso y vestido a la moda de su juventud. Lleva, muy al modo moderno, una cartera para sus papeles y, muy al modo antiguo, un bastón de ébano, con el puño de marfil, del que se sirve para subrayar la acción de sus brazos.

SEÑOR FAUSTINO.– Pasen ustés.

EL CABO.– Buenos días.

LA ROSA.– Hola…

La Rosa, al ver al cabo Bernabé, retrocede. La Micaela sigue a la Rosa. Una y otra, miran al cabo de través. Él lo advierte.

EL CABO.– Esta es que parece que se asusta en cuanto que me ve.
SEÑOR FAUSTINO.– Qué va…
LA MICAELA.– Rosa…
LA ROSA.– ¿Qué?
LA MICAELA.– Ámonos.
LA ROSA.– Ámonos…
EL CABO.– ¿Es que te doy miedo, chica?
LA ROSA.– A mí no me da miedo ná.
DON MAGÍN.– ¿Miedo? Al contrario. La Guardia Civil tranquiliza siempre a las personas de bien. Y todos somos personas de bien.
SEÑOR FAUSTINO.– Sí señor que lo somos.

La Micaela y la Rosa se van sin despegar los labios.

SEÑOR FAUSTINO.– ¿No está tu hermano?

La Rosa contesta a su padre sin volver la cabeza y sin pararse. Luego desaparecen las dos, en el interior de la casa.

LA ROSA.– Se fue a tomar el sol. Con el Fanegas. Y aquí estuvo el Gurriato. Ya le dirá él…
SEÑOR FAUSTINO.– Asiéntense ustés.
EL CABO.– Yo no. Yo me marcho. Me esperan en el puesto y aquí no pinto ná. Aquí, el señor.
SEÑOR FAUSTINO.– Tú verás. Pero ya sabes que yo soy siempre gustoso de echar un párrafo contigo y que mi casa es tu casa y ná más.
EL CABO.– Hombre, señor Faustino…
SEÑOR FAUSTINO.– Yo no cambio.
EL CABO.– Ya.
SEÑOR FAUSTINO.– Y eso que las cosas que le han pasao a uno…
DON MAGÍN.– ¿Cosas? ¿Aquí?
EL CABO.– Que le han metío en la cabeza que le han afusilao a su hijo el mayor. ¡Y qué lo van a haber afusilao! Lo que pasa en que las cosas son las cosas, y la ley es la ley, y que ya vendrá cuando tenga que venir.
DON MAGÍN.– Cuando el cabo lo dice…
EL CABO.– ¡Eso es como la luz, señor! ¡Ea! Con que… Soy con ustés y hasta ahora.

SEÑOR FAUSTINO.– Anda con Dios.
DON MAGÍN.– Buenos días.

Se va el cabo. Don Magín no se levanta de la silla en que se sentó. El señor Faustino se sienta ahora frente a don Magín, que habla siempre impasible, frío y ceremonioso.

SEÑOR FAUSTINO.– Pues usté dirá, señor.
DON MAGÍN.– Usté se llama, según creo...
SEÑOR FAUSTINO.– Faustino Municio. Como mi padre se llamó. Faustino Municio y Arévalos para servir a Dios y a usté. Tengo sesenta y ocho años. He nacido en esta casa. También como mi padre. Labrador desde que nací. Ni debo a nadie, ni nadie me debe. Pago la contribución y cumplo con la Iglesia. Donde nací he vivido siempre y espero acabar mis días. Y nada más, señor, que es cuanto puedo decir, que comprende en lo que queda dicho.
DON MAGÍN.– Pues yo me llamo Magín Alonso y soy un apoderado del señor marqués del Esgueva. Y nada más que esto es lo que importa.
SEÑOR FAUSTINO.– Ya lo sé, ya...
DON MAGÍN.– ¡Claro!
SEÑOR FAUSTINO.– Pues eso... Que usté dirá.
DON MAGÍN.– Pues digo, señor Faustino, que llegué al pueblo anteanoche.
SEÑOR FAUSTINO.– Ya...
DON MAGÍN.– Y por mediación del cabo de la guardia civil, que es de quien uno debe servirse siempre, pasé aviso a todos los renteros del señor marqués para que fuesen a la posada donde me alojo.
SEÑOR FAUSTINO.– Ya...
DON MAGÍN.– Y como usted no ha ido...
SEÑOR FAUSTINO.– Yo no.
DON MAGÍN.– Y como usted es el más viejo...
SEÑOR FAUSTINO.– ¿Qué?
DON MAGÍN.– Pues que vengo a los efectos consiguientes.
SEÑOR FAUSTINO.– Bueno.

Una gran pausa.

DON MAGÍN.– Decía que como usted no ha ido...

Don Magín parece resuelto a repetir lo que acaba de decirle al señor Faustino. Pero este le interrumpe.

SEÑOR FAUSTINO.– Yo no he ido porque yo no soy rentero del señor marqués.

DON MAGÍN.– ¿Cómo?

SEÑOR FAUSTINO.– Que yo no he ido porque yo no soy...

Ahora es don Magín quien interrumpe al señor Faustino con la misma sequedad con que este le interrumpió a él.

DON MAGÍN.– Ya... Oigo muy bien. Pero no entiendo qué es lo que quiere usted decir.

SEÑOR FAUSTINO.– ¿No?

DON MAGÍN.– No. Pues claro que es usted un rentero del señor marqués del Esgueva, y el más antiguo.

SEÑOR FAUSTINO.– No señor, no.

DON MAGÍN.– ¿Cómo que no?

SEÑOR FAUSTINO.– No, no...

DON MAGÍN.– ¿Pues quién lleva la tierra del Puente? ¿Y la de los Alamillos? ¿Y la viña del Pinar?

Hojea los papeles de un cartapacio sin por eso hacer una sola pausa en su discurso.

SEÑOR FAUSTINO.– Yo. Las trabajo yo. Con mis hijos, cuando les tenía. Como Dios quiso, cuando me los llevaron. Yo.

DON MAGÍN.– Usted, claro. Pues como esas tierras las trabaja usted y como esas tierras son...

SEÑOR FAUSTINO.– Mías.

DON MAGÍN.– ¿Suyas? ¿Cómo suyas?

SEÑOR FAUSTINO.– Mías. Antes de ser mías, es cuando fueron del señor marqués. Pero ahora son mías. Porque las trabajo yo. Claro que siempre fue el trigo que dan, carne de mi carne, y el vino de la viña, sangre de mi sangre. Y hay que decirle casi, como en la última cena, que puede que también a uno acaben crucificándole. Antaño, nuestra carne y nuestra sangre eran de los marqueses. Pero hogaño, ya no. Hogaño es nuestra.

DON MAGÍN.– Bueno. Bien. Vamos... Tranquilícese usted un poco.

SEÑOR FAUSTINO.– Más tranquilo que estoy...

DON MAGÍN.– No. No está usted tranquilo.

SEÑOR FAUSTINO.– Tranquilo. Y sereno. Y en paz...

DON MAGÍN.– Mire usted... Las tierras. Estas tierras...

El señor Faustino trata de permanecer sereno, pero no puede. E interrumpe otra vez a don Magín.

SEÑOR FAUSTINO.– Estas tierras son mías y bien mías. Porque quien las labra soy yo. Y como quien las labra soy yo, me las ha dao el gobierno, por el sudor de mi padre y el mío y por el de mis hijos. ¡Cien años abriendo surcos pa otro! ¿Están bien pagás, o no están bien pagás? ¡Las tierras pa quienes las labran! Y no es que lo diga uno, que el gobierno es quien lo dice. Y muy bien dicho, señor.

DON MAGÍN.– Bien puede ahora escucharme usted a mí y a ver si nos entendemos como es debido.

SEÑOR FAUSTINO.– Venga.

DON MAGÍN.– El gobierno... El gobierno que decía esas atrocidades era el de los rojos.

SEÑOR FAUSTINO.– ¡El gobierno! ¡El gobierno!

DON MAGÍN.– Aquello no era gobierno ni era nada. Y esas eran cosas de los rusos, unos herejes que vuelven locos a los trabajadores. Sueños envenenados de los hombres sin Dios y nada más. De los hombres sin Dios.

SEÑOR FAUSTINO.– ¿Y los hombres sin Dios dieron la tierra a los buenos cristianos? Es que hay quien sea más buen cristiano que yo mismo? ¡No lo hay! ¿Es que mi hijo no fue a la guerra por Dios y por la Patria? Pues fue a la guerra.

DON MAGÍN.– Pues por eso mismo no puede usted decir las cosas que está usted diciendo.

SEÑOR FAUSTINO.– ¡Ustés son los que no pueden decir lo que dicen! ¡Vamos! Un hijo ciego. El mayor, afusilao. Allá, la Petra, mi mujer, señor, bajo tierra. Mi hija sin juventú, que también mataron al mozo que hablaba con ella. Mi casa, pues hágase usté cargo. Y ahora que si el marqués y que si las tierras y que tóo eso, ¡pero qué es esto, señor! ¡Pues esto es que hemos ganao la guerra! ¿Y si la hubiéramos perdido, qué? Pues si la hubiéramos perdido no vendría ahora el marqués a quitar a los labradores buenos cristianos las tierras que les dieron los hombres sin Dios. El gobierno, que dicen ustés que ni era gobierno, ni era ná. Pues si no es pa volverse loco, usté dirá.

DON MAGÍN.– El señor marqués no le quita a usté nada.

SEÑOR FAUSTINO.– ¿No?

DON MAGÍN.– No.

SEÑOR FAUSTINO.– ¿Entós qué?

DON MAGÍN.– Lo que pasa es que hay que restituirle lo que es suyo.

SEÑOR FAUSTINO.– ¿Pero y lo que manda la ley? ¡La tierra pa el que la labra!

DON MAGÍN.– Una ley roja.

SEÑOR FAUSTINO.– ¡Pero una ley, señor!

DON MAGÍN.– Los rojos no tienen leyes. ¡Leyes rojas!..., ¡hombre!

SEÑOR FAUSTINO.– Las leyes no tienen color, digo yo. Leyes y ná más.

El señor Faustino habla con una excitación que es muy extraña en él. Don Magín trata de tranquilizarle. Él no se excita nunca. Y sonríe.

DON MAGÍN.– Serénese usted. Tranquilícese usted. Vamos, vamos... ¡Pero si usted puede hacer su vida de siempre! La que hizo su padre. La que harán sus hijos.

SEÑOR FAUSTINO.– ¡Mis hijos! ¡Mis hijos!...

DON MAGÍN.– La razón es la razón. Y no hay más ley que la verdadera.

Hace unos momentos han llegado de la calle el Frutos y el Fanegas. Este, al ver a Don Magín, detiene un momento al Frutos, le habla en voz baja y se va luego de acompañar al Frutos, tomándole de un brazo, hasta la entrada de la cocina. El Frutos avanza tanteando con su cayao y con el otro brazo extendido. Cuando el señor Faustino le ve, va hacia él sin ningún caso de las últimas palabras de don Magín.

SEÑOR FAUSTINO.– ¿Dónde vas tú solo, hijo?

EL FRUTOS.– ¿Yo? Pues p'allá dentro, padre.

SEÑOR FAUSTINO.– No, ven p'acá. Que te vea el señor. Es un mandao del marqués. Viene a quitarnos tóo, que paece ser que pa eso es pa lo que habéis ganao la guerra.

Coloca al Frutos delante de don Magín. que permanece impasible.

SEÑOR FAUSTINO.– Mi hijo, es mi hijo, señor. El ciego. El que me queda. Se me lo llevaron al frente. Por Dios y por la Patria. Me lo han vuelto ciego. Por Dios y por la Patria.

DON MAGÍN.– Pero... Pero es que ahora no se trata de eso, señor Faustino.

SEÑOR FAUSTINO.– ¿De esto no? ¡Pues si esto es todo! Y aguarde usté.

EL FRUTOS.– Padre...

SEÑOR FAUSTINO.– Tú aquí. Tú calla.

Lo sienta en la silla donde él estuvo sentado. Palidece más a cada momento. Está excitadísimo. Don Magín no pierde su frialdad serena y dura.

SEÑOR FAUSTINO.– ¡Rosa, Rosa!

DON MAGÍN.– Pero todo esto no tiene nada que ver con...

SEÑOR FAUSTINO.– ¡Rosa!

El señor Faustino parece que no oye las palabras de don Magín, Rosa sale. Pero se queda en el dintel de la puerta, inmóvil, altiva, pálida.

LA ROSA.– Mande usté, padre.

SEÑOR FAUSTINO.– Ven. Aquí el señor, que quiero que te vea. El señor. Es un mandao del marqués. Viene a por las tierras.

DON MAGÍN.– No. No es eso. Es que...

SEÑOR FAUSTINO.– A por las viñas.

El señor Faustino sigue sin hacer caso al señor Magín. No advierte sus palabras. Ha tomado a la Rosa de una mano para llevarla junto al Frutos.

LA ROSA.– ¡Cá!...

SEÑOR FAUSTINO.– ¡Sí! Sí, usté disimule, señor, si hablo un poco fuerte. Yo nunca hablo así. Pero es que no sé..., estoy como en la agonía. Y quiero vivir más. Pa lo que sea. Tú aquí, junto a tu hermano. Ahí la tié usté. Esta es la que hablaba con el Millán, el hijo de la viuda. Pues lo mataron, una noche. Según se desangraba, vino a morir ahí. Al amanecer.

Señala el quicio de la puerta de la calle. La Rosa se muerde una punta del delantal. Al señor Faustino le tiemblan las manos.

SEÑOR FAUSTINO.– Y entoavía, ahora verá usté. ¡Caela! ¡Caela!
DON MAGÍN.– Pero es que todo esto…
SEÑOR FAUSTINO.– ¡Caela, ven!

Sale la Micaela. Como Rosa, quédase en el quicio de la puerta. Y también el señor Faustino la toma de una mano y la pone junto a sus dos hijos.

SEÑOR FAUSTINO.– Esta es la viuda del mayor. Está esperando un hijo, que va a nacer sin padre. Porque se lo afusilaron. Los nuestros también. Por Dios y por la Patria. Aquí, es un mandao del marqués. Nos viene a quitar las tierras, porque eso de que son de quien las labra parece ser una herejía de los hombres sin Dios. Nosotros, los que labramos, no tenemos que hacer en el mundo más que dejarnos matar, o quedarnos ciegos, o dar nuestros hijos pa que sean de los que no las trabajan, que es lo que manda la ley de Dios. ¡La de los marqueses, vamos! ¡Mírela usté bien, señor! La viuda.
DON MAGÍN.– No.
SEÑOR FAUSTINO.– ¿Cómo que no?
DON MAGÍN.– Su hijo de usté vive.

Todos levantan la cabeza y miran a don Magín. Hasta Frutos.

DON MAGÍN.– Lo ha dicho el cabo.

La Micaela se revuelve como una leona. Tiembla. Grita.

LA MICAELA.– ¡Pues yo digo que no! Pues yo digo que lo afusilaron, lo vimos al amanecer.
SEÑOR FAUSTINO.– ¡Siempre al amanecer!
LA MICAELA.– Y a mí misma me dijeron que ya no tenía que llevarle la comida, porque ya no hacía falta ná. ¡A mí misma, señor marqués!
DON MAGÍN.– Yo no soy el señor marqués.
LA MICAELA.– Es igual, tóos son unos ustés. Y ya me dijeron a mí que pasaría esto. Tóo esto.
LA ROSA.– ¡Calla!
EL FRUTOS.– Tú calla, Caela.

LA MICAELA.– ¿Y por qué voy a callarme yo?
EL FRUTOS.– Tú deja a padre…
DON MAGÍN.– Estas cosas…

Se cruzan las palabras. Se confunden. El señor Faustino va hacia la puerta de la habitación. Se para lejos. Grita imponentemente.

SEÑOR FAUSTINO.– ¡Petra!

Un gran silencio, profundo y repentino. El Frutos, la Micaela y la Rosa se abrazan. Miran hacia la puerta. Don Magín se pone en pie. El señor Faustino vuelve a gritar.

SEÑOR FAUSTINO.– ¡Petra!
LA ROSA.– ¡Padre!
EL FRUTOS.– ¡Pero padre!
LA MICAELA.– ¡Ay Dios!

El señor Faustino le toma las manos. Se yergue. Se encara con don Magín, altivo y resuelto.

SEÑOR FAUSTINO.– Llamo a la puerta. Al ama. Es tan grande lo que nos sucede, que cree uno que deben resucitar los muertos para pedir cuentas a los vivos. ¡Justicia! Pero no salen de sus sepulturas y eso les vale a ustés. Bien muertos están los muertos.

DON MAGÍN.– Yo cumplo con requerirle a usted y nada más. Será una lástima que se obstine usted en no avenirse al cumplimiento de las leyes. El señor marqués lo sentirá mucho, pero… Buenos días.

El señor Faustino, resuelto, detiene con su palabra y con su actitud a don Magín, que se para ya junto a la puerta de la calle y escucha, con una indiferencia fría, al señor Faustino.

SEÑOR FAUSTINO.– Aguarde usté, señor mandao. Y oiga. Y oiga. ¡Si yo tuviese menos años, defendería mis tierras como es debido! Con las uñas. A dentelladas. Si el hijo que me queda no estuviese así, yo mismo le pondría la escopeta en las manos. Y le hubiera dicho: ¡Hala! Arrea al campo. Y al que pise un lindero de las tierras, lo tumbas de una perdigoná. Pero como por un lao, no se puede uno valer, y por otro lao no quiero ser esclavo como lo fui, ni que lo sean mis hijos, ni que lo sea el que nazca, ni que sirva pa volver a serlo nadie, tanta muerte y tanta angustia, pues pué usté decir al señor marqués que me voy, que nos vamos a donde sea, que como no conozco más mundo que el rincón donde nací, tanto me da una tierra como otra. ¡Hale! ¡Con nuestra pobreza a las costillas y andando! ¡Pero esto no puede ser que lo mande Dios, porque esto es un infierno! Y ahora, váyase o quédese, que esta casa ya no es la casa de los Municio. Y ná más.

DON MAGÍN.– Pues nada. Queden ustedes con Dios.

SEÑOR FAUSTINO.– Con Dios nos quedamos, sinos que no nos lo quitan ustés también.

DON MAGÍN.– Buenos días.

Se va don Magín. Un gran silencio. El Frutos, tanteando, se aproxima a su padre. Lo acaricia. La Rosa se desploma en una silla. La Micaela va hacia la puerta de la calle con los puños cerrados.

LA MICAELA.– Ya veréis... Mandarán a la justicia a echarnos, que ahora, como cuando el rey, harán lo que quieran los marqueses, que pa eso han ganáo. ¡Pero ya veremos! ¡Tú, Rosa, levanta la cabeza y mírame a la cara! ¡Y despierta, mujer! Despierta como yo he despertao.

EL FRUTOS.– ¡Ay, padre, si yo pudiera!...

SEÑOR FAUSTINO.– Pues eso, hijo, lo que le vuelve a uno más loco entoavía. Que tú no puedes. Que la Rosa, ¡qué va a hacer la Rosa! Que la Caela bastante tié con lo suyo. ¿Qué va a hacer uno? ¿Qué va a hacer?

LA ROSA.– ¡Trabajar, padre! Que a mí, me sobran las fuerzas. Y los ánimos. Que una es joven y tié una mucha vida por delante, con que...

SEÑOR FAUSTINO.– Esta tierra, esta tierra está maldita de Dios.

EL FRUTOS.– Todos están malditos de Dios. Aquí yo... Yo sí que no valgo, padre. Yo soy el que debe irse solo. Con mi cachava. A pedir limosna por las romerías. Ya encontraré la puerta de una iglesia, pa pararme, Así...

Extiende la mano en la actitud de un mendigo.

EL FRUTOS.– Que en el mundo siempre ha de haber caridá.

LA MICAELA.– ¡Caridá! ¿Pues no ves que no? ¡Caridá! ¡La caridá es otra mentira de los ricos! No hay caridá, Frutos. ¡Ni falta que hace! Lo que hace falta que haiga es justicia. Y tié que haberla. Vosotros no sabéis... Sin salir de aquí, no se sabe ná. Hay que haber estao donde yo. Justicia. ¡Justicia pa que lo paguen los que quitaron la vida del Millán! ¡Justicia pa arrancar los ojos a los que te dejaron ciego, Frutos! ¡Justicia pa vengar al Galo! ¡Justicia, eso es lo que hay que pedir!

SEÑOR FAUSTINO.– ¡Justicia! Justicia ya la hará Dios, que no pué abandonarnos, aunque se empeñe el marqués y tóos los marqueses del mundo. ¡Hala! A la calle ¡Al campo! Al mundo, que es grandísimo. ¡Hala! A empezar la vida otra vez como si hubiéramos nacido hoy. Mientras pueda guiar un arao y un par de mulas, y clavar un pino y hundir una pala, y echar al aire un azadón y doblar los riñones y secarme el sudor de la frente, qué me importa ná. ¡Hala! A donde sea. ¡Hala! Y aquí queda tóo. Solo quiero llevarme una cosa. Las sábanas donde murió madre, que eso es sagrao, como un sudario. Ve tú, Rosa. Tráelas.

El señor Faustino extiende el brazo hacia la habitación donde murió la Petra. La Rosa entra a buscar las sábanas. Una pausa.

SEÑOR FAUSTINO.– ¡La guerra! Pues ya se ve lo que es la guerra. Matarse los pobres pa que sigan los ricos siendo ricos. Y ná más. Y ná más. Y pa eso nos engañan en nombre de Dios.

EL FRUTOS.– A mí dejáime. A mí dejáime...

LA MICAELA.– No. Tú con nosotros, que ya verás tú... Ciego y tóo, cuando nazca mi hijo, y cuando nazcan los hijos de tóos los muertos, ya verás tú. ¡Va a revivir la sangre que han derramao! Como en el día de la resurrección de la carne. ¡Nuestros hijos nos vengarán a todos! Porque no oirán desde que nazcan más que aquello de las madres del otro lao: «Venga a tu padre». Y así tié que ser. Porque si no, no habría justicia. Y la ley, aunque ahora pase lo que pasa. ¡Miráime a mí! ¡No era yo una malva! Pues era una malva.

Sale Rosa. Trae envueltas y anudadas las sábanas de su madre. Se las toma el señor Faustino. Rosa llora y desfallece.

LA MICAELA.– Rosa, ven. ¡No llores, Rosa! ¡No llores, vuelve a ser fuerte, que hay que ser loba!

EL FRUTOS.– No llores, no te abrases los ojos.

El señor Faustino, agotado, está a punto de desplomarse. Micaela lo advierte. Acude a sostenerlo. Llama a los demás. El señor Faustino señala la puerta en silencio. Echan a andar hacia la calle sosteniéndose los unos en los otros.

LA MICAELA.– ¡Rosa, ven! Arrímate a Frutos. ¡No se ponga usté así, Dios! Hale. ¡A ser fuertes! Arriba.

Rosa extiende el brazo y toma el ramo de olivo colgado en la pared. Al pasar por el sitio de la puerta donde Millán cayó muerto, se para, lo mira y llora.

LA ROSA.– Aquí fue…

LA MICAELA.– ¡Juntos! ¡Apretaos! Fuertes! Como las piedras en las montañas.

Sale Rosa, se queda un momento sola. Extiende en el lugar de la muerte del Millán los ramos de olivo. Enciende una vela que toma de encima del arcón. La coloca junto a las ramas de olivo. Llora desconsoladamente. Besa el suelo. Se va. Sobre la terrible soledad de la estancia, cae el telón. Se oye cantar En España empieza a amanecer.

FIN

TÍTULOS EDITADOS DE LA COLECCIÓN *TEXTOS UEX*

1. *Amores* / Ovidio; Ángela Palacios Martín (Ed.).
2. *Del huerto provinciano* / Gabriel Miró; Gregorio Torres Nebrera (Ed.).
3. *La Petimetra* / Nicolás Fernández de Moratín; Jesús Cañas Murillo (Ed.).
4. *Teatro. No más mostrador. Macías* / Mariano José de Larra; Gregorio Torres Nebrera (Ed.).
5. *Auras, gritos y consejos. Poesía española (1850-1900)* / Antología; Marta Palenque (Ed.).
6. *Los amores de Clareo y Florisea* / Alonso Núñez de Reinoso; Miguel Ángel Tejeiro Fuentes (Ed.).
7. *Obra poética* / Alonso Núñez de Reinoso; Miguel Ángel Tejeiro Fuentes (Ed.).
8. *Enigmas anglosajones del Codex Exoniensis (Selección bilingüe)* / Bernardo Santano Moreno y Adrián Birtwisle (Eds.).
9. *Antología de los primeros años del romanticismo alemán* / Karl Braun y Mª Antonia Seijo (Eds.).
10. *Arte Poética* / Horacio; Manuel Mañas Núñez (Ed.).
11. *Teatro. Comedia Salvaje. Comedia Metamorfósea* / Joaquín Romero de Cepeda; Reyes García Plata (Ed.).
12. *Monumento de amor. Sonetos de Shakespeare* / Carmen Pérez Romero (Ed.).

13. *Hechos heroicos y nobles del valor godo español. Comedia* / Luis Moncín; David Narganes Robas (Ed.).
14. *Cajón de sastre. Textos dispersos del Setecientos español* / Jesús Cañas Murillo (Ed.).
15. *El doctor Centeno* / Benito Pérez Galdós; Isabel Román Román (Ed.).
16. *Sancha, Zahra y Raquel (trilogía de mujeres medievales)* / Antonia Bueno Mingallón; Lourdes Bueno Pérez (Ed.).
17. *Sobre la constancia* / Justo Lipsio; Manuel Mañas Núñez (Ed.).
18. *Kitāb al-Garīb al-muntaqà min kalām ahl al-tuqà (El lenguaje de los sufíes)* / Ibn Jamīs de Évora, Abū 'Abd Allāh Muḥammad (m. 503 H./1109 d. C.); Pilar Garrido Clemente y Mehmet Bardakcı (Eds.).
19. *Contra viento y marea* / María Teresa León; Gregorio Torres Nebrera (Ed.).
20. *La moza de cántaro (dos comedias)* / Lope de Vega y Cándido María Trigueros; Gregorio Torres Nebrera (Ed.).
21. *Cumbres de Extremadura. Novela de guerrilleros* / José Herrera Petere; Roberto Carlos Ramírez Morcillo (Intr.) y María Dolores Gimeno Puyol (Ed.).
22. *Que en España empieza a amancer –Drama–* / Ceferino R. Avecilla; Manuel Aznar Soler (Ed.).

Se terminó de imprimir este libro
el día 18 de mayo de 2025,
festividad de Santa Claudia,
en los talleres gráficos
de Dosgraphic, s. l.